卡耐基社交艺术
与处世智慧

[美] 戴尔·卡耐基◎著　　毕俊峰◎译

卡耐基
职业能力训练
权威译本

THE ART OF INTERPERSONAL
RELATIONSHIP

古吴轩出版社

中国·苏州

图书在版编目（CIP）数据

卡耐基社交艺术与处世智慧／（美）戴尔·卡耐基著；毕俊峰译．—苏州：古吴轩出版社，2016.9（2017.12重印）

ISBN 978-7-5546-0741-1

Ⅰ.①卡… Ⅱ.①戴… ②毕… Ⅲ.①心理交往—通俗读物 Ⅳ.①C912.11-49

中国版本图书馆 CIP 数据核字 (2016) 第 199779 号

责任编辑：蒋丽华
见习编辑：顾　熙
策　　划：张　历
装帧设计：沈加坤

书　　名：卡耐基社交艺术与处世智慧
著　　者：[美] 戴尔·卡耐基
译　　者：毕俊峰
出版发行：古吴轩出版社
　　　　　地址：苏州市十梓街458号　　　邮编：215006
　　　　　Http://www.guwuxuancbs.com E-mail：gwxcbs@126.com
　　　　　电话：0512-65233679　　　　传真：0512-65220750
出 版 人：钱经纬
经　　销：新华书店
印　　刷：北京富泰印刷有限责任公司
开　　本：900×1270　1/32
印　　张：7
版　　次：2016年9月第1版
印　　次：2017年12月第3次印刷
书　　号：ISBN 978-7-5546-0741-1
定　　价：32.80元

如发现印装质量问题，影响阅读，请与印刷厂联系调换。010-62472358

自序

从逆境中崛起

三十五年前，我靠推销卡车过活。可是，我对卡车的工作原理一点儿也不懂，不仅如此，在我心里，我根本就不想弄懂那些讨厌的玩意儿。那时，我收入很少，生活困顿，不得不蜗居在西大街56号的一间廉价出租屋里。

那个让我深恶痛绝的屋子不仅十分简陋，而且环境极为恶劣——墙壁上、地面上，到处都爬满了蟑螂。它们张牙舞爪、横行无忌，这场景实在令人作呕。我那仅有的几条褪了色的领带，极不情愿地"待在"泛黄的、斑驳的墙壁上。

一天上午，当我伸手去取其中的一条领带时，受惊的蟑螂成群结队地四散奔逃。那种情形让我目瞪口呆、不知所措，甚至现在想起那一堆堆的蟑螂，我仍然脊背发凉、不寒而栗。那时，我怨天尤人，每天长吁短叹，看不起自己，也看不起自己的工作——正是推销卡车这种低劣的工作，让我不得不蜷缩在比贫民窟强不了多少的地方，让我只能去肮脏不堪、四处漏风的低等饭馆里吃劣质饭食。

想想都让人恶心，满地的蟑螂，满屋子的苍蝇、蚊子，以及各种腐臭难闻的气味，你怎么可能有食欲？！毫无疑问，那时，我是全纽约市里最不快乐的年轻人。

难道这就是生活？难道我的一生就注定要这样度过？干着一份备受歧视的活儿，住着蟑螂遍地的廉租房，吃着劣质的、没有一点儿营养的饭食……想着想着，我的头越来越疼，简直快要裂开了。我的这种头疼无药可治，它完全是沮丧、绝望、愤愤不平等心理因素导致的。而这就是我每天晚上孤零零一个人钻进那个凄苦冷清的栖身之所后必定要经历的煎熬。

老实说，最让我难以忍受的是，我在大学时期的那些瑰丽的梦想全都打了水漂……我渴望有空闲时间可以读书，渴望重拾大学时代的写作梦想。

我在心底对自己说，扔掉这个让我抬不起头的工作实在没有什么大不了的。我只想拥有一个多彩的人生，并不太在乎能赚多少钱——简言之，我要自己创业！

　　凭着年轻人的那股初生牛犊不怕虎的冲劲儿，我很快就做出了这个决定。现在看来，正是那个略显匆忙的决定彻底改变了我的生活，成就了现在的自我。那个决定使我绝处逢生，令我享受了过去三十五年的愉快时光，那种幸福感无疑是原先自怨自艾的我无法体会，也难以想象的。

　　那么，是什么促使我做出了那一伟大决定？不推销卡车，那我如何谋生？这得感谢教育，我有幸在密苏里州瓦伦堡州立师范学院上了四年大学。这真是不幸中的万幸！我有师范生的根基，我可以去当老师。

　　我设想着，我可以去夜校给成人上课。那样，我肯定会有许多闲暇来读书，我还可以举办讲座，写长篇小说或短篇故事。我梦想着"为生活而写作，为写作而生活"。那时，我觉得活人总不能让尿憋死了，上帝总会给我留条活路。

　　我自信满满地对自己说，我在大学里接受了对每个人的工作和生活都极有帮助的公众演讲训练。这显然是比大学里开设的其他课程更有价值的课程——这是我的肺腑之言。我从公众演讲里获益良多。演讲，改变了我原本胆小如鼠、畏首畏尾的个性，帮助我建立了自信，增加了我主动与人交往的勇气，培育和提高了我的人际交往技巧。

接受公众演讲训练的经历也生动形象地展现出，一个领导者，一定是勇于在公众面前从容不迫、条理分明地表达其思想的人。因此，我可以在夜校里开设这些方面的课程，给学生讲授公众演讲的方法——这就是我摆脱那份让我郁闷的工作之后全部的想法。

然而，理想很高远，现实却让我备受打击。我满怀豪情地向纽约大学和哥伦比亚大学的夜校班申请讲授公共演讲课的教席，不过，这两所全美知名的高等学府都以"人员已满，不需要另聘教师"为由而将我拒之门外。

消息传来，我就如冷水泼头一样失望到了极点。不过，这也许是命运和我开了个小小的玩笑。毋庸讳言，此时此刻，我由衷地感谢上帝，感谢他没有让我被那两所高校录取。否则，我很可能就没有机会去基督教青年会（Y.M.C.A.）的夜校上课。

基督教青年会夜校需要的，是具备真才实学的人。并且，来这里上学的成人学员，也都是想要摆脱在社会上受人歧视的境遇的有志青年。他们来这里的目的非常明确：拿到大学文凭，并且解决自己遭遇的问题。

在这些人中，普通职员期盼自己能在即兴发言时，不会刚说了一两句就因为怯场而晕倒在地。推销员期盼自己鼓起拜访"难对付客户"的勇气，掌握拿下"难对付客户"的沟通秘诀，而不必在这类客户的楼下转了无数圈之后才有勇气上楼推销。

　　总之，来这里的人都抱着明确的实用目的：他们想要重塑自我形象，重建自信；他们想要事业有成，赚更多的钱来养活妻子和孩子。不仅如此，他们还用分期付款的方式支付我的授课费用。如果他们觉得我的这门课对他们没有多大帮助，就会果断地停止付钱。

　　上帝啊，你清楚，众口难调。不过，我既然领了分红——这只是利润的一部分，而非月薪，那么，假如我还想保住饭碗并尽可能地多挣钱，就不得不拼了命地授课。说老实话，这份工作很有挑战性，让我觉得压力山大。

　　我要谋生，我需要让学员心甘情愿地继续掏钱来上课，所以，我就非得不断地激发他们对这门课的兴趣。前面说过，这是一帮出奇务实的家伙。他们只看结果，他们想要让我帮他们解决与这门课有关系的一切问题。

　　没有办法，我只能绞尽脑汁，尽可能地让自己说的每句话、上的每节课，都会让他们有一种醍醐灌顶、豁然开朗的感觉。我心知肚明，除非我时时处处都能做到让他们眼前一亮，觉得没有白花钱，否则我只能卷起铺盖走人。

　　起初，我觉得这样上课太憋屈、太郁闷。不过，回过头来看，我惊喜地发现，那样上课实在是一种弥足珍贵的磨炼。

没过多久，我就发现了这份工作的乐趣，很自然地，我也越来越喜欢这份工作了。眼见那些原本失意的人在我的精心点拨下，以闪电般的速度重拾自信，迅速成长，晋升加薪，工作、生活重新变得有滋有味，我由衷地为他们高兴，同时也大感意外。

那些课程所取得的巨大成就，完全出乎我的意料。谦虚一点说，也许，我从一开始就深知，我所开设的那些公共演讲课程一定会赢得成功。可是，我万万没有预料到，也难以想到，它们竟会如此成功！

在三个班的学员圆满完成公共演讲课的学习任务之后，基督教青年会主动提出，除了每晚五美元的课时费之外，他们很乐意再给我每晚三十美元的分红。看到自己的工作取得了实效，获得了雇主的认可与嘉奖，我高兴极了，工作也自然更卖力了。

除了教公共演讲课之外，我还从自己的教学经验出发，着手为成年人编写他们迫切需要的关于如何赢得友谊和影响他人等的人际关系方面的实战指导书。就这样，我写成了一本教材，我把它取名为《人性的弱点》。它是基于我在公共演讲课上与无数学员的交流沟通和观感体验而编写成的。

起初，《人性的弱点》只是我为自己的成人班编写的一本普通的教材。此外，我还编写了其他四本同样广受好评的书。《人性的弱点》系列图书竟会达到如此之大的销量，这实在是我始料未及的。

托它们的福，我或许已成为所谓的畅销书作者了。

我写这一系列励志书籍，目的很明确——**正如罗伯特·史蒂文森**（Robert Louis Stevenson）**所说的："无论身上的担子多么重，你都可以咬紧牙关扛到夜幕降临。无论工作有多累，你都可以圆满完成。假若你可以这样过每一天，你就能过上温馨甜美的生活，并使你自己成为一个耐心、细致、高尚的人。没错，这就是生命的真谛。"**

目 录

第一部分　人际交往技巧篇　001

第1章
巧用社交技巧让你无往不利/ 003

1.见贤思齐，真诚地赞美他人/ 004

2.设身处地，善于察纳雅言/ 010

3.记住别人的名字，是对他最大的尊重和重视/ 017

4.懂得倾听的人更容易建立人脉，更有说服力/ 025

5.让别人感觉到自己的重要性/ 030

6.照顾别人情绪，给别人留面子/ 034

7.掌握好批评的尺度/ 038

8.给对方一个美名，会让他感觉更好/ 046

9.对别人感兴趣，才能赢得更多的追随者/ 049

第2章
用语言引爆他人的情绪 / 053

1. 发自内心地赞美他人 / 054

2. 谈对方感兴趣的话题 / 059

3. 不要逞一时口舌之快 / 063

4. 巧妙地指出别人的错误 / 068

5. 行动是最有力的语言 / 077

6. 分清赞美和批评的主次 / 081

7. 坦承自己的错误 / 088

8. 真心实意地关爱他人 / 093

9. 设身处地为他人着想 / 101

第二部分　商业沟通技巧篇　107

第3章
谈判的艺术 / 109

1.谈判要讲究策略 / 110

2.谈判前要做好细节的准备工作 / 116

3.谈判时要注意措辞 / 122

4.在必要时选择退让 / 128

5.把控谈判中的陈述技巧 / 134

6.在谈判时适当提问 / 140

7.掌握谈判中的回应技巧 / 144

8.谈判中的拒绝技巧 / 149

9.谈判中的说服技巧 / 154

10.打破僵局的语言技巧 / 159

第4章
推销的艺术 / 165

1.推销商品的谈话艺术 / 166

2.推销中的应变技巧 / 172

3.说服客户的技巧 / 176

4.能够引起顾客兴趣的提问方式 / 181

5.电话推销技巧 / 185

6.怎样取得客户的信任 / 189

7.不同层次的客户要用不同的推销技巧 / 194

8.不同性格的客户要用不同的推销技巧 / 199

9.处理客户异议的应变技巧 / 204

第一部分
人际交往技巧篇

第1章

巧用社交技巧让你无往不利

1. 见贤思齐，真诚地赞美他人

现在，年薪百万再也不是什么稀罕事了。不过，在八十年前，能赚百万年薪的人实在是屈指可数。

查尔斯·施瓦布是美国钢铁公司（其前身是1864年由美国"钢铁大王"安德鲁·卡内基创建的卡内基钢铁公司）的总经理。后来，他又创办了伯利恒钢铁公司——曾经是世界上第二大钢铁公司。查尔斯·施瓦布成为20世纪初与安德鲁·卡内基和J.P.摩根齐名的"钢铁业大佬"。

查尔斯·施瓦布之所以能够取得如此傲人的成绩，一个重要原因就是他在担任卡内基钢铁公司总经理时便享有百万年薪。

那么，安德鲁·卡内基为何要付给查尔斯·施瓦布百万美元的年薪——这意味着一天差不多要赚3000美元呢！莫非是因为施瓦布有着过人的天赋？事实并非如此。或者，是因为那时施瓦布已经是钢铁制造业货真价实的权威专家？显然，事实也并不是这样的。

施瓦布曾经向我透露："我的手下有许多人。其中，许多人精通钢铁制造，他们在这方面的知识让我自愧不如。可是，他们的薪水却比我少多了。当然，这并非卡内基先生偏爱我。我之所以能享受到如此优厚的薪资待遇，究其根源，是因为我具有卓越的人事管理才能。我管好了人事，让公司里的所有员工都能够人尽其才，公司自然会蒸蒸日上。"

我曾经充满敬意地问道："查尔斯·施瓦布先生，您是怎么调配人事，做到让所有人都能充分发挥他们的潜力的？"

查尔斯·施瓦布自豪地答道："我的秘诀就是，毫不吝惜地赞美每一个员工。你要明白，对员工的赞赏和鼓励会极大地激发他们的工作热情，这比批评的效果要好得多。赞美和鼓励员工，这也是我得以做好人事管理工作的最大资本。"

他再次强调道："公司管理者的批评最容易打击员工的工作热情和积极性，冷水泼头最容易浇灭员工的雄心壮志。因此，我从来都不批评员工。我确信，勉励和嘉奖，才是员工工作的动力。与其吹毛求疵，不如通情达理。假如一定要问我喜欢什么箴言的话，那就是'诚于嘉许，宽于称道'。"

查尔斯·施瓦布平日的做法，也与普通人不同。普通人对于不喜欢的人和事，往往会一棍子打死；对于喜欢的人和事，往往会感情用事。

查尔斯·施瓦布继续说道："我交游广阔，与世界各地的许多成功人士结下了深厚的情谊。然而，不管他们多么伟大，地位多么崇高，都无法改变一点——比起被人批评，在被人赞许的情况下，他们更容易建立起伟大的事业。"

没错，他所揭示的也正是"钢铁大王"安德鲁·卡内基取得举世瞩目的巨大成就的秘密。安德鲁·卡内基先生不仅在私底下，而且在公众场合也时常高声赞扬他的同行们。不仅如此，就连在他自己的墓碑上，都写满了他对他的助手的赞美之词：

安眠于此的，是一个懂得怎样和比他自己睿智的人相处的人。

约翰·洛克菲勒是美国著名的实业家、慈善家，是美孚石油（标准石油）公司的创办者和总裁，是世界公认的"石油大王"。他成功的秘诀，也是由衷地赞美他人。

一天，一个叫贝德福的员工在南美的一宗石油买卖中出现了严重的决策失误，导致洛克菲勒执掌的美孚石油公司损失了100万美元。不过，洛克菲勒并没有严厉斥责他。他明白，贝德福尽力了，而这件不愉快的事情也已经发生了。世间之事很难一帆风顺，总会遇到这样或那样的困难与障碍。洛克菲勒对贝德福说道："多亏你保住了我们投资额的60%，老实说，那已经相当不错了。在一生中，我们每个人都会遇到事与愿违的时候。"

佛罗伦兹·齐格菲尔德是20世纪初美国极为知名的歌舞剧制作人，在美国音乐剧历史上具有不可替代的崇高地位。他创作的许多剧目推动了美国百老汇艺术的繁荣，其创作的《演艺船》等不少音乐剧，甚至在世界音乐剧历史上都具有划时代的重大意义。

他有着奇特的本领，能够将那些乍一看并不出色、姿色平庸的女子，像耍魔术似的变成舞台上的光彩熠熠的尤物。他很现实，主动为歌舞女郎们提高薪资待遇，将她们的薪金由每周仅30美元一下子增加到175美元；他很讲义气，在音乐剧《富丽秀》开幕之前，他给每一个参演歌剧的明星都发了一封热情洋溢的贺电，并且，还给每一个参加表演的歌女赠送了一朵娇艳欲滴的红玫瑰。

我一度被"时尚流行"的绝食行为迷住了，因此，曾六天六夜水米未沾。说实在的，这并不难做到。到第六天结束时，我并没有觉得自己比之前更加饥肠辘辘。不过，你我都心知肚明，倘若有人让员工或家人六天内不吃不喝，那就是犯罪。

可以想见，假如六天、六周，甚至六十年不让员工或家人得到那如食物一样不可缺少的赞美，难道就不是犯罪吗？

阿尔弗雷德是《维也纳的重合》的主角，他说道："得到自尊的滋养，是我最需要的东西。"

我们给我们的员工们、我们的亲戚朋友们提供了足够的食物来增强他们的体力，然而，我们给他们提供的可以滋养他们自尊的东西，实在是少得可怜！我们真是太吝啬了，我们连赞赏他们的话或温和的话都不舍得说。

看到这些，许多读者会迫不及待地说道："这些都是老掉牙的话，一点儿也不新鲜！不就是让我们去拍马屁，去曲意逢迎嘛，这谁不会啊？！不怕你笑话，我早就试过了，根本就不管用……最起码，这招对那些受过良好教育的知识分子们完全没有作用。"

说得没错，拍马屁那套是骗不了有头脑的人的。阿谀奉承者是自私、伪善、肤浅的，他们注定一事无成。不过，需要指出的是，许多人真的是发自内心地渴望着他人的赞美，由衷的赞美。

迪温尼兄弟俩被称为"花花公子"，为人所不齿。不过，他们在婚姻上却相当成功。他们俩一生中曾分别和一位拥有数百万家产的女商人、一位著名的歌剧女主角、两位美丽的电影明星结过婚。就猎取美女芳心而言，他们俩真可谓羡煞旁人。那么，他们俩成功的秘诀是什么呢？

"这么多年来，迪温尼在美女心中的地位，一直都是个谜……"圣约翰在《自由》杂志上如此写道。

我有一位朋友叫尼格雷，她是一位才华横溢的艺术家，她曾对我说道："迪温尼令女人为之倾倒的秘诀大概是，他们精通溜须拍马、曲意逢迎的技艺——在当今这个缺少幽默的时代中，这种谄媚的艺术差不多要被世人遗忘了——这方面，他们比我所碰到的其他人都更加成功。"

被美国前总统林肯誉为"美国的孔子""美国文明之父"的爱默生，是19世纪美国杰出诗人、文学家、思想家。他曾说："我所遇到的每一个人身上，或多或少都有值得我学习的地方；推而广之，我们应该学习他人身上那些好的东西。"

爱默生的见解非常中肯，是我们必须信服的。别老是想着自己的成绩和要求，要尽可能地去寻找和研究每一个人的优点和长处，扔掉对他人的逢迎谄媚，真诚地、发自肺腑地赞美他人。

如果你做到了这点，那么，人们对你所说的就会重视和珍惜，并且刻骨铭心……即便你早已将这件事忘得一干二净，他们也会记忆犹新，如数家珍。

2. 设身处地，善于察纳雅言

夏天的时候，我喜欢去缅因州钓鱼。我喜欢吃奶油和杨梅，不过，我明白，水中的鱼儿爱吃小虫子。因此，每当我去钓鱼的时候，我在鱼钩上放的鱼饵都是鱼儿喜欢的，而不是我想要的——我不会用奶油和杨梅去做鱼饵，因为那样我就钓不到鱼了。为了钓到鱼，我就必须在鱼钩上放一些鱼儿所认为的"美味佳肴"，如小虫子或蚱蜢之类的东西，然后抛进水里，对鱼儿说："快来吃好东西啊！"

假如你希望别人没有半句怨言地为你做事，为何不用钓鱼之法去"钓"人呢？

有人问英国前首相劳合·乔治，是怎么做到在退休后，仍旧在人们心中居于掌权者的地位的？他的秘诀是什么？考虑到美国前总统威尔逊、意大利前首相奥兰多、法国前总理克里孟梭随着第二次世界大战的结束而纷纷卸任，逐渐在人们心中褪去色彩，那人的疑问并非毫无缘由。

劳合·乔治答道："假如你非要认为我地位崇高是有什么秘诀的话，那么，我就将其归结为一句话——这也是我很早以前就明白的一个道理——若想钓到鱼，则先要准备好鱼儿爱吃的饵料。"

为何大家会不时记挂自己所想要的呢？那是多么天真而不合情理啊！

是的，你永远都会对你自己所需要的东西保持着浓厚的兴趣，并且深深地陷入其中，难以自拔。不过，他人对你的兴趣却视若无睹。你要明白，他们在乎的也仅仅是对他们自己有用的东西罢了。

谈论他人所需要的东西，是世界上唯一可以影响他人的方法。显然，为了影响他人，我们不仅要谈论他人所需要的东西，还应该要让他人明白怎么得到他所需要的东西。

明天，当你想让他人给你做某事之时，你应先满足他人在此事上的需求。比如，你想要你的孩子不养成抽烟的坏习惯，单靠严厉训斥，根本就达不到预期目的。

你仅仅需要告诉他，吸烟或许会让他进不了棒球队，或者会让他在百米短跑竞赛中一败涂地就够了。这种方法对于孩子来说较为管用，而且能够轻而易举地达到预期的效果。

无论你是想对付一只调皮的猴子、一头壮硕的小牛犊、还是你那调皮捣蛋的孩子，这都是屡试不爽的妙法。

从你降生世间的那一刻起，你的一切言行举止的起点和终点都不过是你自己，都是为了满足你的某种需要——这或许也是人的本性。

没错，当你给美国红十字会捐了100美元，甚至更多时，你就得到了某种荣誉、成就和满足感，虽然你不一定意识到了这一点。乍一看，你是在无欲无求地行善，是在做一件神圣的事情。你在捐款时并不一定会意识到穷人缺衣少食，甚至你捐款仅仅是因为别人捐了，你不得不捐，这在心理学上被称作从众效应。

总之，不论是哪种情况，你之所以会捐款，是因为此举能为你带来你所需要的东西。不论这东西是物质的还是精神的，不论这东西是有形的还是无形的，总之是存在的，也是你所需要的。

奥弗斯特里特教授在《影响人类的行为》一书中写道："不管在商业、政治、家庭、学校关系中，行动都是由我们的欲望产生的……对于以后想要成为'靠嘴皮子过活'的人来说，我想要给他们提供一个建议——这也是给他们的最好建议——想方设法激发对方眼下最急于满足的需要。假如他们可以做到这一点，就一定能够在学习、工作和生活中如鱼得水，游刃有余，否则他们难免会遭遇重重困难。"

从明天开始，在你要说服某人去做某事之前，最好还是先在心里问问自己："怎么做才能够让他无怨无悔地做这件事？"你要在心里考虑清楚，并且，以最快的速度找到这个问题的答案——想清楚上述问题，能够最大限度地提高你的成功率。

此外，想清楚上述问题，也能够避免让你在准备不充分时仓促见人，避免你在让人做事时情不自禁地只想到和谈到你自己的要求。

一次，在我将演讲会的通告早已发布，入场券早已发出，且演讲会马上就要开始的节骨眼上，我突然接到了我所租用的那家纽约饭店的通知——要求我支付相当于预订时三倍的高额租金！

读者朋友们，请想一下：我租用的是这家饭店里的大厅，且要租用好几季，每一季就需要占用二十个夜晚。这原本就是一笔不小的开支，如果再支付相当于预订时三倍的费用，那我可真是不堪重负。再说，这也不合情理啊！

不言而喻，我不愿意支付凭空增加的费用。但是，我该和饭店管理人员怎么说呢？和他们争吵，只会将事情弄得更糟，我也不会傻到去和他们大吵大闹。那么，对他们谈论你所想的有用吗？心平气和地告诉他们说，你们这样中途涨价是错误的，违背了商业伦理，这会起作用吗？显然不会。饭店管理人员仅会关注他们自己的利益。

因此，经过深思熟虑之后，我决定去拜访那家大饭店的负责人，也就是经理。

我平心静气地对饭店经理说道："收到您的通知，我觉得有些惊讶，不过，我没有任何责怪您的意思。假如我是您，我也会这么做。您这样做完全是为了饭店的利益，这是您作为经理的本分。假如您不这样做，或许就会被撤职或解雇。不过，假如您一定要增加租金，那么，让我们来分析下这一行为对您的利与弊。"

我拿来一张纸，在纸的中间从上到下画了一条竖线，将整张纸均匀地分成左右两半。我在左边写上"利"，在右边写上"弊"。我在"利"的下面写道："空下的大厅能够租给其他人。"紧接着写道："您能够自由出租大厅，想租给谁就租给谁，比如，您能够将它租给举办舞会或生日晚会的人，而且，租金也能够比我预订时贵些，这样，收入也很可观。"

"下面，我们再来稍微分析下您那样做的弊端。"

于是，我在"弊"的下面写道："假如在这一季中我共需占用大厅二十个夜晚，那么，如果我退租了，您是否有把握将这空出来的二十天都租出去呢？假如那样做的话，您不但有可能失去这二十天的租金，而且更重要的是，来听我演讲的都是些受过良好教育的高级知识分子，而他们不正是贵饭店的目标客户吗？难道您真的想就这么白白地放弃一个做免费广告的机会吗？你们发一个广告花多少钱，我并不清楚，不过，我觉得数额一定不会太小吧。"

我将写着利弊的纸张恭恭敬敬地递给他，接着对他说道："这件事的利弊得失，我已经分析得很清楚了。希望您再斟酌一二，您最后决定了知会我一声就行了。"

第二天，我收到了那家饭店的一份通知。这份通知上说，租金仅增加一半，即150%，而不再是300%。

请注意，在拜访那家饭店经理的过程中，自始至终，我并没有说出任何关于我想要减租的话，我所说的不过是对方急需的。同时，对于怎么做更有利，我不过是做出了某些必要的暗示。

假如我按照通常做法，怒不可遏地冲进那位经理的办公室，同他争得面红耳赤，恐怕，结果只会是双方不欢而散，我的演讲会也就泡汤了。结果不言自明，即便我所说的情况这位经理在心里也是认同的，不过，出于个人的自尊，他很难会痛痛快快地承认错误，而且很有可能会恼羞成怒。

亨利·福特曾就如何建立良好的人际关系说过："假如成功地和他人交流有一个秘诀的话，那么一定就是设身处地地替他人着想，并且善于察纳雅言。"

说得没错，这无疑是正确透彻的认识和见解。请你记住，这是一个言简意赅的道理，并且，所有的人都可以不费吹灰之力就发现其中的道理。

不过，毋庸讳言，世界上绝大多数的人在绝大多数时间里，都有意无意地将这一道理给遗忘了。

3. 记住别人的名字，是对他最大的尊重和重视

在巴黎，我曾经组织过一个演讲班。在这个班上，我专门向学员们传授演讲的方法和技巧。一次，我因故需要变更课程安排，于是，我不得不给每一位学员寄一封信，告诉他或她这件事。

我的学员中，有一部分是美国人，给他们写信时，需要用英语写。而我的打字员是一个法国人，他的英文水平很有限，打字时常常出现包括姓名错误在内的各种错误。

我的一个学员是位于法国巴黎的一家美国银行的经理，我收到他的一封投诉信。从信中，我得知，我的打字员将他的姓名拼错了。对此，这位经理很恼火。我暗想，假如我是他的职员，可能会因此而被炒鱿鱼。

美国"钢铁大王"安德鲁·卡内基对钢铁知识并不精通，很可

能还没有他的许多员工懂得多。那么，他又是凭借着什么取得了举世瞩目的成就呢？

安德鲁·卡内基成功和发家致富的秘诀就是，他的人际交往能力很强。早在幼年时期，他的领导能力和组织才能就已崭露头角。据说，十岁那年，他就已经敏锐地发现了世人对于他们自己名字的在乎程度。自从有了这个发现以后，他就更加注意怎样有效去利用它了。

安德鲁·卡内基曾经这样回忆他的童年："小时候，我养过一只母兔子，它后来生下了一窝幼兔。不过，我没法提供充足的食物给这些小家伙们吃。于是，经过深思熟虑后，我对邻居家的那些小孩儿们说'你们哪一个能为小兔找来食物，我就用哪个人的名字为小兔命名'。"

这个办法的效果显而易见，而正是这一良好的效果让这位"钢铁大王"对它记忆犹新。

人们无不希望他人重视自己，并记住自己的名字，更希望他们自己的名字可以流传千古，让人们广为传诵。这是人的天性，不论是达官贵人还是凡夫俗子莫不如此。许多年以后，安德鲁·卡内基的这一宝贵经验，在他经营的各项事业中得到了越来越令人信服的证明，他的事业也在这一宝贵经验的推动下如日中天。

安德鲁·卡内基掌管的中央运输公司和布尔姆经营的公司一度明争暗斗，竞争异常激烈。为了争取到太平洋铁路的小客车、小型汽车业务，他们竞相削价，针锋相对，相互倾轧，以便得到更大的利益。后来，安德鲁·卡内基和布尔姆不约而同地会见了纽约太平洋铁路局董事会的董事。

那晚，安德鲁·卡内基在圣尼古拉大饭店和布尔姆相遇，安德鲁·卡内基主动向布尔姆打招呼说："晚安，布尔姆先生，为何我们俩就不可以握手言和呢，总是这么'手足相残'对双方都没有任何好处吧？"

布尔姆没好气地答道："你说这话是什么意思？"

于是，安德鲁·卡内基抓住机会，从容不迫、一清二楚地表明了他自己的观点。他用语恳切，表明了希望双方联合来获得更大、更多利益的基本立场。等安德鲁·卡内基说完后，布尔姆回应道："假如咱俩合作创办一家新公司，你觉得应该取个什么名字呢？"

安德鲁·卡内基不假思索地脱口而出："就叫布尔姆汽车公司好了。"

布尔姆原来眉头紧锁，可一听到这话，他那紧锁的双眉立刻舒展开了。他略显自豪地说道："卡内基先生，你来我房间里坐会儿吧，我们仔细商议下。"

两位领导人就在那一次谈话中达成了共识。自此以后，也翻开了企业界新的一页。

安德鲁·卡内基的记忆力惊人，他能同时记住许多人的名字，这是所有成功领袖都应当具备的能力，也是他们成功的秘诀。他可以一口气叫出很多人的名字，而且准确无误，这是他颇为自得的地方。

长期以来，他一直亲自处理公司事务，而他的公司却从来不曾出现工人罢工的现象，这使他非常自豪。

另一位商界精英彼特华斯基也是如此，为了使专门负责照料他的黑人厨师考伯觉得自己有价值，他特意称呼他的黑人厨师为"考伯先生"。

没有人不重视自己的名字，也没有人不想令自己名垂青史，甚至为此付出任何代价都在所不惜。

既饱经风霜又八面玲珑的老爷子伯纳姆先生，总是为自己没有儿子继承他的姓氏而耿耿于怀，因此，他给了外孙西雷2.5万美元，其心愿仅仅是让外孙跟他姓。

两百多年前，富人们常常私底下给作家们一大笔钱，而他们的要求却出奇简单，即让作家在写书时，将该书作者的名字署成出资人的名字，从而使得那些富人的知名度得到进一步提高。

美国博物馆、美国图书馆里最值钱的东西是什么？你肯定不清楚。实际上，就是那些写有捐赠者姓名的石碑，这可是他们耗费巨资才换来的啊！而他们要这个东西的目的，就是让他们的名字能够流芳百世。

人们都说自己很忙，不过细想一下，又有几个人会比富兰克林·罗斯福总统还忙呢？即便是这样一位大忙人，他也能将一位普通技工的名字牢记于心。

克莱斯勒汽车公司为富兰克林·罗斯福总统制造了一辆功能特别齐全的汽车，张伯伦和一位技工负责把它送到美国白宫。后来，张伯伦将一封记录着当时具体情况的信件让我看，他说道："我只是教了富兰克林·罗斯福总统怎么驾驶这辆有不少特别装置的汽车，而我从他那里学到的，则是许多极其珍贵的为人处世的艺术。"

那封信上如此写道：

当我到达白宫时，总统神清气爽，还大声叫着我的名字，这使我有一种宾至如归的感觉。让我印象最为深刻的是，当我对这辆车子的每一个部件和使用细节进行讲解时，总统都会专心致志地听着。

富兰克林·罗斯福总统对他旁边的人们说，这辆车由于经过了特殊处理，所以完全能够手动驾驶。总统还说，这辆车子是一个奇迹，他对这辆车子的奇妙设计进行了高度的赞扬，而且，他不停地说这是一辆好车。

富兰克林·罗斯福总统的成功，并不是由于掌握了多少专业知识，而是由于他具备了所有伟大领袖都应该具备的素质。富兰克林·罗斯福总统有些瞧不起法国前总统戴高乐，对此，戴高乐一清二楚。即便这样，戴高乐也为"这个具有艺术天赋的政治骗子"的人格魅力所折服。

英国前首相丘吉尔则将他与富兰克林·罗斯福总统的会面幽默地称为"就像打开了一瓶沁人心脾的香槟酒"。顺便说一下，这种魅力在他竞选时就表现为他能够记住每一个选民的名字。

富兰克林·罗斯福总统接着说："张伯伦先生，你创造出这辆车子肯定费了不少心血吧，我由衷地感谢你，这真是一项完美无缺的伟大工程啊！"

这辆车内配备的椅架、照明灯、驾驶座、离合器、特制的反光镜、特殊衣柜和衣柜上的标记，都赢得了富兰克林·罗斯福总统的赞赏。可以毫不夸张地说，富兰克林·罗斯福总统将那辆车子里每一个细微的设计都称赞了一番。

同我一道去的那名技工是个比较腼腆的年轻人，他一直躲在我身后。当我们要告别时，富兰克林·罗斯福总统叫出了他的名字，并和他亲切地握手，并对他来华盛顿表示感谢。富兰克林·罗斯福总统对那名技工的感谢并非只是做表面文章，而是真心实意的，这一点我感同身受。

回到纽约后不久，我收到富兰克林·罗斯福总统亲笔签名的相片和一封感谢信。一想到富兰克林·罗斯福总统日理万机，还抽出时间来亲自做这件事，我就心潮澎湃，感激之情溢于言表。

富兰克林·罗斯福总统为什么会这么成功？在我看来，他成功的秘诀就是，他掌握了一种最简单、最富于感染力又最为重要的博取他人好感的方法，即记住对方的姓名，让对方感觉受到了重视。

不过，在现实中，又有几个人能够做到这看似轻而易举的事情呢？他人将一个陌生人介绍给我们时，我们和那个人常常会短暂地交流几分钟，然而，我们是否会在离开前就已经将对方的姓名忘得一点儿也不剩了呢？

世界各国政治学家的第一课通常都是，记住选民的姓名。记忆他人姓名的能力，在政治、事业和交际上都是非常重要的。

法兰西第二共和国总统、法兰西第二帝国皇帝路易·拿破仑·波拿巴，即拿破仑三世曾经说过，虽然国事繁重，但是他仍然能记住所见过的每一个人的姓名。他有什么妙招吗？

其实不难，假如他没有听清楚对方的姓名，他就说："实在抱歉，我刚才没有听清楚。麻烦您再说一遍，好吗？"假如对方的姓名较为生僻，他就会进一步问道："请问您姓名中的这个字怎么拼写？"

在谈话中，他会尽可能地创造机会，以确保能够重复记忆刚刚认识的这个人的名字。同时，他会将对方的姓名、面容、神情、举止等通过奇妙的想象联系起来，并且不断在头脑中"播放"。

假如这个人对路易·拿破仑·波拿巴来说非常重要，他就会越发用心地记住他。一人独处时，他会将那个人的姓名写在纸条上，反复看几次，直到铭记于心，然后才将纸条揉烂。这样，眼睛看到的和耳朵听到的都融汇到了一起，让他久久不忘。

像路易·拿破仑·波拿巴那样记忆他人的姓名，既需要用心，又不会耗费太多时间。当然，就像爱默生说的："懂礼貌，是需要做出小小的牺牲的。"你希望周围的人喜欢你，你希望自己的见解得到赞同，你渴望听到由衷的赞美之词，你希望他人重视你，那么，你自己就应该率先遵守这条训诫：**你希望他人如何对待你，你就应该先如何对待他人。**

别想等你功成名就后才开始奉行此法。你只有自觉地随时随地地遵照它行事，它才能为你带来意想不到的好处。

4. 懂得倾听的人更容易建立人脉，更有说服力

在纽约出版商格林伯举办的一次宴会上，我遇见了一位著名的植物学家。此前，我从未和任何植物学方面的学者打过交道，因此，他的言谈举止让我倍感新鲜。我目不转睛地听他讲着关于大麻、室内花园、大植物学家浦邦等方面的新鲜知识。此外，他还讲了一些关于马铃薯的鲜为人知的知识。

当我提到我自己有一个小型的室内花园时，他热情地告诉我怎么解决我日常遇到的一些难缠的问题。

除了这位植物学家，参加这次宴会的还有十多位客人。不过，自始至终我都只和这位植物学家倾心交谈。我们一连谈了好几个小时，不经意间将其他客人都忽视了。

谈至深夜，当我向与会的所有人告辞时，这位植物学家在主人

面前对我赞不绝口，说我是一个很有上进心的人，知识面宽广，风趣幽默。临别之际，他拍拍我的肩，竟然对我说道："卡耐基，你是我见过的最好学、最善于思考、最健谈的人。"

我健谈吗？我尽力回顾自己在这次宴会上的所有表现，还是不明白"健谈"一词该从何说起。我清楚地记得，我在这次宴会上总共也没有说几句话。而且，对于我们刚刚谈论的内容，我就是想谈也显然力不从心。道理很简单，我对植物学一窍不通。

显而易见，我不过是静静地、细心地倾听了他所讲的内容。我聚精会神地听，是因为我意识到，我对他所讲的内容真的很感兴趣。对此，他察觉到了，自然会非常高兴——这种倾听是我们对任何一个讲话人的一种由衷的敬意和无声的赞美。

"几乎没有几个人会拒绝接受那种专心致志所蕴含的敬意与赞美。"伍福特在他的《异乡人之恋》一书中写道。

我对那位植物学家说，我得到了他热情而悉心的指点，我非常希望可以具有像他那样渊博的学识。是的，我的确希望这样。我还对他说，希望以后有机会和他一起去野外漫步。我尤其强烈地表达了想要再次见到他，并向他请教的迫切心情。

也许，正是因为这样，这位植物学家才觉得我是个善于言谈的人。事实上，我仅仅是一个会听并且会引导他不断讲话的人，真的就是这样。

那么，怎么谈成一笔生意呢？什么是成功的商业会谈的秘诀呢？

一名忠厚老实的学者说道："谈成一笔生意，并不存在什么神秘的窍门，认真听他人讲话，这是最重要的，此外，再也不存在比这个更重要的东西了。"

最吹毛求疵的老板，最刁钻古怪的评论家，也可能会在一个真诚友善、善于倾听的人面前变得温和起来。这位听者一定有稳重的性格，他一定可以经得起寻衅者像一只凶猛的野兽一样张牙舞爪。下面这个故事，有助于你理解上述这一观点。

几年前，一个气急败坏、强词夺理的顾客来到了纽约电话公司，他用最不堪的字眼把接线员骂了个狗血淋头。之后，他又声称，他之所以拒绝付款，是因为纽约电话公司弄虚作假。同时，他还声称，他要让报社对这件事进行负面报道，还要向公众服务委员会提起诉讼。此前，这个顾客已经投诉了纽约电话公司好几次了。

没有办法，纽约电话公司只得派出一位阅历丰富的调解员来调解此事。这位调解员到达目的地后，并没有口若悬河地企图用语言来感化那个顾客，他只是静静地坐在那里，聚精会神地听着那个心存不满的顾客发泄自己那一肚子的怨气。

　　而在整个调解过程中，他只是说："对！对！"说这话的时候，他的语气、语调和神情都充满了对那个顾客所受委屈的真切同情。

　　后来，这位纽约电话公司的调解员报名参加了我的演讲班。在我的课堂上，他绘声绘色地讲述了当时的情况：

　　那位顾客不停地大声抱怨、斥责。三个小时后，我还在耐心地听。之后，我又去过他那里好几次，承受他那没发泄完的怨气。我总共去了四次。第四次，临告别时，他兴奋地告诉我，说他创建了一个叫"电话用户保障协会"的组织，他想要吸纳我为该组织的忠实会员，我欣然同意了。

　　现在，我还是这个组织的忠实会员。不过，后来我才知道，除了这位起初多少有些让人反感的老人家之外，该组织的会员只有我一个。

　　他告诉我："纽约电话公司以前从来没有人如此友好地跟我说话，他们仅仅是粗暴地打断我的话。"

　　事实上，在前三次调解中，对于他的事情我只字未提。到了第四次，我用无声的语言完美地处理了这件麻烦事。

　　他结清了所有款项，不再找纽约电话公司的麻烦，也没有再向公众服务委员会投诉。

毋庸置疑，看似是为社会公益事业而战、保障公民合法权益不受非法侵害的"调解员"，事实上，所要做的仅仅是让被调解者找回"自尊感"，而这种"自尊感"是从被调解者的抱怨和挑剔中获得的。

当那个麻烦的顾客从纽约电话公司的调解员身上重新获得了"自尊感"后，他就不会再平白无故地找那些不切实际、没有意义的碴了。

5. 让别人感觉到自己的重要性

我在纽约33号街第8号路的邮局里，排队等候发一封挂号信。在等候期间，我打量了一下眼前的邮递员，他似乎对他的这份琐碎的工作感到非常痛苦。日复一日，年复一年，他重复着枯燥乏味的工作：收顾客信件，为顾客递邮票，找零钱，分发收据，称信件的重量。

因此，我对自己说："我应该说些有趣的话来缓和一下气氛，让他心情好一点，我应该找出他的优点。"

接着，我问自己："我应该赞美那个邮递员什么？"这真是一个看似容易实际上却极为困难的问题。面对一个素昧平生的人，我该怎么找他的优点呢？不过，无意间我还真的找到了他的一个突出之处，一个可以赞美一番的东西。

当他称我的信件时，我很热情地对他说道："我真的非常羡慕你有这一头好看的金发！"

听我这么说，那个邮递员将他的头抬起来，从他那惊讶的表情中露出一丝微笑，接着他说道："没有以前那么好了！"

我认真地对他说，也许它是没有以前那么光亮柔顺了，不过，现在看起来仍旧美观大方。听到这话，他顿时高兴起来。就这样，我们在收发信件的短暂间隙里，进行了愉快的交谈，临走时他告诉我："不少人都夸奖过我的头发。"

他中午休息去吃午饭时，一定健步如飞，面带微笑，充满喜悦之情。对此，我敢打赌。不仅如此，晚上下班回到家，他肯定会向妻子一字一句地述说这件事，而且还可能会对镜自照，并且说道："嗯，我的头发的确很好。"

我曾经在许多公众场合讲过这个故事。一次，有个人问道："卡耐基，老实说，你那么做是想从那个邮递员那儿捞到什么好处？"

我想捞什么好处？我企图从那个邮递员那儿捞什么好处？

假如我们一直那么自私龌龊，做每一件事情都带着明确的目的性，企图从他人那儿捞什么好处，而不是将自己的快乐分给他人一丁点儿，如此小肚鸡肠、斤斤计较，那我们注定会失败。

嗯，没错，我的确企图从那个邮递员那儿捞一些好处！这个东西价值连城，而我已经捞到手了，那就是我让他感到高兴，而且这是不需要他报答的。我想，很久以后，他回想起此事来，肯定还会非常高兴。

为人处世，有一条相当重要的定律，假如我们可以遵守这条定律，那么，就能够避免许多不必要的麻烦，且让人受益无穷。

实际上，这条定律可能会给我们带来数不清的朋友和永久的快乐。不过，倘若违反这条定律，我们就可能会遭遇数不清的困难与挫折。这条定律就是：**"永远让他人意识到自己的重要性。"**

约翰·杜威是美国早期机能主义心理学的重要代表，著名的实用主义哲学家、教育家和心理学家。他说过："想要被他人重视的欲望，是我们天性中最迫切的要求。"

詹姆斯博士也曾经说过："渴求被他人重视，是我们天性的至深本质。"

我曾经说过，人与动物的不同之处就在于是否想要被他人重视，而人类的文化也是这样产生的。

对于人际的关系，哲学家们思考、研究了几千年，而所有的研究成果均可归结为一条定律。这条定律同历史一样古老，并不是什么新鲜玩意儿!

三千多年前，琐罗亚斯德将这条定律传授给了琐罗亚斯德教的教徒。

公元前6世纪，儒家学派创始人孔子在中国宣讲这条定律，而道家创始人老子也把这条定律教给了他的弟子们。

公元前5世纪，释迦牟尼将这条定律播撒人间。

耶稣将这条定律提炼成了一种思想，**即你希望他人如何对待你，你就应该如何对待他人。**

你想要每一个和你接触的人都认同你，你想要他人认可你的价值，总之，你想要在你的小天地里获得自尊。你不希望那些无价值、伪善的奉承，你渴求真诚的、发自肺腑的赞美。你希望你的朋友可以像施瓦布所说的："诚于嘉许，宽于称道。"

每一个人都离不开这些，这就是人性的本质。

因此让我们遵守这条金科玉律，把你希望他人给予你的，先给予他人吧。怎么做？何时做？在何地做？答案就是："任何时间，任何地点。"

6. 照顾别人情绪，给别人留面子

几年前，美国奇异电器公司遇到了一件棘手的事情。为了应对这一事件，该公司必须撤掉斯坦梅茨的会计部部长职位。

事实上，斯坦梅茨是一位卓越的人才，他的天赋极高，对于电学也很有研究。不过眼下，他担任的美国奇异电器公司会计部部长一职，根本无法让他的电学才能发挥出来。由于斯坦梅茨是电学专家，而且多愁善感，因此该公司也不敢贸然得罪他。于是该公司特意给他加了一个奇异电器公司顾问工程师的新头衔，而另外委派了一个人来担任会计部部长。

斯坦梅茨显得很高兴，美国奇异电器公司的领导也很满意。就这样，美国奇异电器公司在平和的气氛中，换掉了一位有怪癖的高级管理人员。而在此过程中，既没有发生明显的言语和肢体冲突，又保全了斯坦梅茨的面子。

给别人留面子，这的确非常重要！不过我们中的许多人在处理事情时却往往忽略了这一点。我们不顾及他人的感受，步步紧逼，吹毛求疵，甚至还会用其他更恶劣的手段来恐吓威胁他人。

我们可能会当着他人的面，无所顾忌地批评自己的孩子，或是吆五喝六地役使雇工，半点也不考虑他人的感受。

实际上，我们仅仅需要用很短的时间思量一下，再说一两句无关痛痒的、怜惜的话，对他人的观点表示理解，就能够避免不少麻烦。

假如你下次需要辞退用人或者解雇员工时，不妨试一试这种方法。

请允许我引用美国著名会计师格里奇写给我的一封信件的内容：

解雇别人是件颇难为情的事儿，被解雇的人肯定会充满怨愤之情。我负责的业务具有季节性的特点，这就意味着，每年三月，我都不得不解雇一批人。

我们这行里，流传着一句俗语："没有人愿意掌管斧头。"时间长了，就变成了一种习惯——快刀斩乱麻，越干脆越好。

我一度解雇员工时都这么说："请坐，现在季节过了，我们好像也不再有工作给你了。是的，我想你之前也听说了，我们仅在忙季才让你们过来帮忙。"

后来，我意识到，这种做法有些不妥。很显然，那么说只能让那些人失望，甚至还会有种卸磨杀驴的感觉。实际上，他们中的许多人终其一生都在会计行业里摸爬滚打，而他们对那些用简单、粗暴的理由辞退他们的公司并不留恋。

所以，当我再次不得不解雇人时，我就变换了做法。我先仔细看了看这些将要被解雇的雇员在这一季中的工作业绩，然后，才约他们谈话。我对他们如此说道：

"×××先生，你在这一季里的工作表现良好，工作业绩突出。上次，我交给你一件很棘手的任务，还记得吗，就是派你去新约克城办的那件事，你真的办得很好，我们公司为有你这样的能人感到自豪。你很出色，我相信你一定会有一个光明的前途，不论你到什么地方肯定都会受到欢迎。我很赏识你，也很感激你，希望你有空常回来看看。"

效果怎样呢？这些被炒鱿鱼的人，至少在表面上心情好像轻松多了，他们不再觉得怨气冲天。他们乐观地预计，假如这家公司以后还有需要的话，会让他们回来的。

当我们第二季又让他们来时，他们对我们这家公司似乎也更加喜欢了，工作也更加卖力了。

已故的马洛先生，他有着一种能劝服两个水火不容的仇家握手言和的奇异才能。那么，他究竟是怎样做的呢？

首先，他会很仔细地找出涉事双方的各种事实。然后，他把这些事实做了分析，又找出了双方都有理的各种事实。他对这些事实表示赞同，而且尽量做到让双方对他的处理方式都感到满意。无论该事情最终怎么解决，自始至终，他都绝不明确地指出是谁的错。

任何一个合格的仲裁者都明白给人留面子的重要性。

真正的世界伟人，不会仅在意自己的成就。比如，有这么一个实例：经过百年的仇视与敌对，1919—1922年，希腊和土耳其发生了战争，土耳其人最终决定要将希腊人撵出境去，于是上演了世界史上颇为有名的希土战争。这一战争以希腊战败，土耳其胜利告终。

面对曾经的对手——希腊的两位败军之将，凯末尔并未以胜利者的高姿态自居，露出不可一世的神情，而是给对方留足了面子。

他握着两位战败将领的手不无同情地说道："两位请坐，你们肯定很累了。"随后，凯末尔在谈了战争情况后，为了减少他们心理上的痛苦，就说："战争就像一场竞技比赛，有时高手也可能会遭遇失败。"

所谓"胜不骄，败不馁"，凯末尔即便取得了伟大的胜利，他也遵循着这条重要的规则：给别人留面子。

7. 掌握好批评的尺度

已故的沃纳梅格曾如此说过:"三十年前,我就懂得,斥责他人是多么愚蠢的行为,即使我不埋怨上帝没有将智力平均分配,不过,我对弥补自己的缺陷也已经感到特别吃力了。"

沃纳梅格很早就意识到了此点。不过,我自己在这漫长的岁月中浑浑噩噩地度过了三十多年后,才恍然大悟……

然而,不管错到什么程度,通常情况下,没有人会因为自己的错误去批评、斥责自己,99%的情况都是这样。

批评于事无补,它仅仅能够让人增多一层防御机制,而且令人用尽浑身解数为自己辩解。批评也是危险的,它会损伤一个人的自尊心和自重感,并激发起他强烈的反抗。

在德国军队里,假如发生了一些让人不愉快的事件,士兵们不能立刻批评或斥责他人，否则，就会按违反军纪论处。是以，他们不得不怀着满腹委屈入睡，让这股怨气在睡梦中自行消解。

从厚厚的史料中，你能够找到许许多多批评、斥责全无效用的实例。比如，西奥多·罗斯福和塔夫脱总统的那场著名的争论：这一争论导致了美国共和党分裂，但却使民主党候选人伍德罗·威尔逊入主美国白宫。

伍德罗·威尔逊总统在第一次世界大战期间给世人留下了勇敢、光荣的深刻印象，同时也改变了美国的历史趋势。美国历史学家给予了他高度评价，将他列入31位美国最伟大的总统的第4位。

让我们重温一下当时的具体情况：1908年，西奥多·罗斯福离开白宫，指定了塔夫脱接替他的总统职位。然而，当西奥多·罗斯福从非洲猎狮归来后，却与塔夫脱总统起了严重的冲突。他斥责塔夫脱总统太守旧，并宣称自己要连任三任总统。与此同时，西奥多·罗斯福组织了公麋党——西奥多·罗斯福与塔夫脱总统的分歧差不多将整个共和党给毁了。

最终，塔夫脱和共和党只得到了两个州的支持。就这样，共和党暂时失去了主宰美国政局的机会，这是共和党有史以来遭遇到的最大的决策失败。

罗斯福斥责塔夫脱，那么，塔夫脱没有自责吗？当然没有。塔夫脱两眼噙满泪水，满腹委屈地说道："我不明白自己究竟错在哪里。"

他们两人的争执，到底谁对谁错，这种情形着实令人挠头。我们不明白，也不必再去关心。但是，有一点我不得不提醒大家，那就是对于西奥多·罗斯福的一切斥责，塔夫脱并没有觉得自己做错了什么，而只是一味地、不断地替自己辩解。

你是不是还记得"埃尔克特山和蒂波特山油田"舞弊案？美国舆论对这一事件一连谴责了好多年，这是一桩震撼了整个美国的大事件。

我们快速地回顾一下这则舞弊案的始末：

哈定总统委派哈尔辛特·福尔担任内政部长，并委派他主持美国政府在埃尔克特山和蒂波特山地区保留地出租的事务。而更为重要的是，那里的油田是美国政府为海军所准备的储备油田。

福尔是否进行了公开投标？根本没有。相反，他颇为慷慨地将这一具有丰厚利润的差事送给了他的好友多希尼，而多希尼则将这一差事称作"借款"。作为报答，多希尼拿出10万美元给了他的好友福尔。福尔则率领美国海军陆战队进驻该地，用刀枪撵走了多希尼的所有竞争对手。而那些对手心有不甘，于是他们一起冲进美国法院，捅出了这桩舞弊案。后经查证，涉案金额高达1亿美元。

这一事件产生了极为恶劣的社会影响，哈定总统控制的整个美国行政中枢差不多完全瘫痪了。全国一片哗然，媒体讨伐声不断；共和党也因为这件事差点儿垮台，而始作俑者福尔的部长职位被撤销，并被判定有罪。

福尔遭受了如此强烈的打击，他感到狼狈不堪，因为，此前几乎没有人在公共事务中遭遇如此猛烈的谴责，他的处境极为艰难。那么，他是否有悔过之心呢？没有，根本没有——他始终认为自己是被人陷害的。

此时此刻，你或许已经明白了，人类的天性就是这样。当出了问题时，人们往往会一味地怨恨他人，而非自己。因此，不论你我，当有一天要斥责他人时，就请先琢磨一下西奥多·罗斯福、塔夫脱、福尔这些人吧。

批评就像饲养的鸽子，不管怎样，它们都一定会飞回家。我们必须明白，当我们试图斥责别人时，他也可能会为他自己辩解，进而将矛头指向我们。

正像"温和友善"的塔夫脱所说："我不明白自己究竟错在哪里。"

1865年4月15日，这天是星期六。一大早，林肯躺在一张又窄又短且略微向下沉的床上，靠窗的墙壁上挂着一幅朋汉的复制画《马群展览会》，旁边的一盏煤气灯散发出幽暗的灯光。这是一家简陋的公寓卧室，这家公寓就位于他刚遭受狙击的福特戏院对面。

此时此刻，林肯就这么静静地躺着。就在他快要去世的时候，美国陆军部长斯坦顿说："躺在那里的，是世界上最完美的元首。"

不容置疑，林肯总统的一生是非常成功的，他受到了无数人的敬仰。那么，他是如何做到这一点的呢？他为人处世的成功秘诀又是什么呢？

我曾经花费了十年左右的时间来研究林肯总统的一生。同时，我花费了整整三年的时间撰写了一部关于他的书，我还为这本书起好了名字，即《林肯鲜为人知的一面》。

我确信，我对林肯总统的人格和家庭生活进行的详尽研究，是人们所能做到的极致了。不过，让我喜不自胜的是，我又搜集到了许多有关林肯总统为人处世的故事，并对其进行了深入透彻的研究。

林肯总统是不是也有过随意批评他人的坏毛病？是的。当他血气方刚的时候，在印第安纳州的鸽溪谷，他不但批评人，甚至还拐弯抹角地讥讽人。他还存心将自己写的寒碜人的文章扔在大街上，因为他明白肯定会有人捡的。而正是这样的举动招来了别人对他的终生厌恶，使他完美的一生留下了一丁点儿瑕疵。

在伊利诺伊州的斯普林菲尔德镇挂牌做了律师后，林肯还在报纸上写谴责和攻击敌对势力的文章，不过，这种事情他仅干了一次。

1842年秋天，林肯讥笑一个虚骄自大、好勇斗狠的爱尔兰政客詹姆斯·谢尔兹。在斯普林菲尔德的报纸上，他刊载了一封匿名信讽刺他，让他成了全镇人的嘲笑对象。

而谢尔兹平时自尊心强且神经过敏，碰到这事儿他自然不会善罢甘休。他盛怒难消，忌恨的种子就这样埋在了心里。当他得知写这封信的人是谁时，立刻跃上马背去找林肯理论，并赌咒发誓说他要和林肯决一雌雄。

林肯本不愿惹是生非，更反对决斗，可是，年轻气盛的他由于面子上过不去，就接受了挑战。两人分别选择决斗武器，林肯出于自己两臂修长的考虑，选择了马刀，并且还去向一位西点军校毕业的高手学习刀法。

指定的日期到了，他和谢尔兹在密西西比河的沙滩上准备大战一场。幸运的是，就在最后一分钟，两方的支持者及时制止了这场决斗。

这一可怕的事件对林肯产生了很大的影响，使他刻骨铭心。也许就是这件事，为林肯及时敲响了警钟，给了他一个极宝贵的经验教训。他痛下决心，以后绝不再做有辱他人的事情，永远不再取笑别人。也是差不多从那个时候开始，林肯再没有为任何事情批评过任何人。

美国南北战争期间，林肯总统多次委派新将领统率波托马克军队，却一次又一次地遭遇惨败……林肯怀着失落绝望的心情，独自在房间里走来走去。那些没有能够担当起重任的将领们成了众矢之的，不过，林肯总统仍旧保持着他那温和、友善的待人态度。他最钟爱的座右铭是，别非议他人，免得为人所非议。

当林肯总统的妻子和其他人用尖酸刻薄的话谈论南方人时，林肯总统始终这样说道："别非议他们，假如我们生活在他们的环境里，我们也可能会像他们一样。"

西奥多·罗斯福总统曾经说过，当他担任总统期间，遇到无法解决的问题时，他就会将座椅往后面挪动一下，昂着头，向对面墙上的林肯巨幅画像看几眼。然后，他扪心自问："假如林肯遇到这种棘手的情况，他会怎么办？"

不管怎样，倘若你以后试图批评别人，就请先从口袋里拿出5美元，瞅瞅钞票上的林肯像，并且自问："如果林肯遇到这件事，他会怎么办？"

你希望你所认识的人有上进心，并能够适时调整和改善自己吗？如果是的，那就再好不过了。不过，你为什么不先从自己做起呢？从某种角度来说，这就叫作自私，实际上，改变自己要比改变他人能得到更多的好处。

假如你我明天要产生一种经历几十年，直至死亡才可能消失的反感，你只需要轻轻说出一句冷酷的评语——无论你多么肯定自己那样做是理所应当的——就够了。

因此，和他人相处时，你要记住，与你往来的并非机器人，与你往来的是有血有肉、感情充沛的人，也是骄傲自大、爱慕虚荣、充满偏见的人。

托马斯·哈代是英国维多利亚时代的伟大小说家。即便是这样一位伟人，也忍受不了旁人不断地指责和批评，宣誓放弃了小说创作，转而走上了诗歌创作之路。

只有愚笨的人，才会不住地埋怨、指责、批评别人；转念一想，这就是蠢材的行为风格。我们要学会宽容和理解别人，学会提升自控能力和自我修养，就必须在克己、修身上下功夫。

8. 给对方一个美名，会让他感觉更好

金德太太是我的朋友，她住在纽约伯利斯德路。她新近雇了名女佣，并让她下周一正式上班。金德太太打电话给那女佣以前的女主人，那太太说这个女佣的工作能力并不好。

当那个叫妮莉的女佣来上班的时候，金德太太说："妮莉，前天我曾打电话给你以前做事的那家太太。她说你诚实可靠，很会做菜，照顾孩子也很细心。不过，她说你平时很散漫，总不能把房间整理得干净整洁。我相信她说的是没有根据的，看你的穿着，我发现你很爱整洁，这不难看出来。我可以打赌，你收拾起房间来也一定和你的人一样整洁干净。我相信，我们一定会相处得很好、很愉快。"

当然，她们确实相处得十分融洽。妮莉想要顾全她的名誉，所以，金德太太所讲的她真的都做到了。她收拾起房子来干净利落，

她宁愿多费些时间、辛苦些，也不愿意破坏金德太太对她的好印象。

鲍德温铁路机车工厂总经理沃克伦曾说过这样的话："如果你的指导能得到某人的敬重，并且对他提升某种能力有所帮助的话，一般人都会很愿意接受指导。"

换句话说，如果你想改善和纠正一个人某方面的缺点，你要表现出其实他已经具有这方面的优点了。

莎士比亚说："如果你没有某种美德，就假定你有。"是真的还是"假定"对方有你所要激发的美德，只要给他一个美好的名誉去表现，他便会尽其所能，也不愿意让你感到失望。

哈巴德将军——一位受人欢迎、敬仰的美国将军，他曾经告诉利士纳说，在他看来，法国的200万美国兵，是他所接触过最合乎理想、最整洁的队伍。

这赞许是不是有点夸大了？或许是的。可是我们看利士纳是如何应用它的！

利士纳说："我从未忘记把哈巴德将军所说的话传达给士兵们，我也从不曾怀疑这话的真实性。即使并不真实，那些士兵们知道哈巴德将军的想法后，他们也会更加努力去达到目标。"

古语有言："如果不给狗取个好听的名字，不如把它勒死算了。"

几乎所有的人，无论富人、穷人，还是乞丐、盗贼，每一个人都愿意竭尽所能，保持别人赠与他的"诚实"的美誉。

　　星星监狱的典狱长刘易斯·劳斯说："如果你必须去对付一个盗贼、骗子，只有一个办法可以轻而易举地制服他，那就是对待他如同对待一个诚实、体面的绅士一样，假设他是位规规矩矩的正人君子。他会感到受宠若惊，他会很骄傲地认为有人信任他。"

9. 对别人感兴趣，才能赢得更多的追随者

我们每个人都渴望自己可以受到他人的欢迎，不过做到这一点，并非那么容易。如果我们只是要在别人面前表现自己，使别人对我们感兴趣的话，我们将永远不会有许多真挚而诚恳的朋友。朋友，真正的朋友，不是以这种方法交来的。

拿破仑试过这种方法，而在他跟约瑟芬最后一次见面的时候，他说："约瑟芬，我是世界上有史以来最幸运的人；但是，此时此刻，在这个世界上，你是我唯一值得依赖的人。"而历史学家们怀疑，他是否真的能够依赖她。

奥地利著名的精神病学家阿尔弗雷德·阿德勒指出："一个对他人漠不关心的人，他的生活必定会遭受各种艰难险阻，而这些艰难险阻也可能会给他人带来极大的困扰、损害。一切人类的失

败都源于此。"

也许你已经阅读过不少深奥难懂的心理学书籍，却并不熟悉这样一句含义隽永的至理名言。那么，就请从现在开始，仔细玩味这句话吧。我确信，你很快会和我一样对这句话中蕴含的无穷哲理肃然起敬。

我曾经在纽约大学选修过短篇小说创作技巧课。一天，某杂志的资深编辑来给我们做演讲。在演讲中，他说道："每天，我的办公桌上都会堆满小说。顺手拿起一篇，快速浏览几段后，我就能够得知该作者是不是喜欢他人。假如一位作者不喜欢他人，他人也就不可能会喜欢他的作品。"

这位阅稿经验丰富的资深编辑，在他的演讲中，稍稍停顿过两次。他为自己偶尔偏离主题而致歉，他说道："现在，我的体悟太多了。我想对你们说的是，你们必须牢记，假如想成为一名成功的小说家，就一定要先对他人感兴趣。"

如果写小说是那样的话，那么在待人接物、为人处世上就更应该如此了。

苏曼·海克夫人也对我说过同样的话。即使生活中充满了饥饿和伤心，即使生活中充满着这么多的悲剧，使她有一次差点儿想将自己的孩子和自己一起杀死——尽管有这么多的不幸，她还是坚持着唱了下去，最终她的歌唱事业达到顶峰，直至成为最著名的瓦格纳作品演唱家。

　　而她自己也承认，她成功的秘诀之一，就是她对别人具有极大的热情。

第2章

用语言引爆他人的情绪

1. 发自内心地赞美他人

我很早就认识巴洛，他对狗、马的性情很了解，他把他毕生的精力，都花在马戏团和技术表演团上。我喜欢看他训练新来的小狗做游戏。我有注意到，在那只小狗动作上稍有进步时，巴洛会拍拍它，称赞它，还给它肉吃。

那不是什么新鲜的事。训练动物的人，几世纪以来，都运用这样的技巧。

我很奇怪，当我们想改变一个人的意志时，为什么不用训练狗的那种技巧呢？我们为什么不用肉来替代皮鞭呢？也就是说，为什么不用称赞来替代责备呢？即使只有稍微的进步，我们也要称赞，这样可以鼓励别人继续进步。

劳斯狱长发觉，即使对星星监狱里的凶狠犯人，赞赏他们最微小的进步也是有效的。我写这本书的时候，接到劳斯狱长的一封信，他信上这样说："我发觉，对于犯人们的勤劳，如果加以适度的夸奖，要比严厉的惩罚、责备他们的过失，更能得到他们的合作，更能促进他们提升自我。"

我从来没有在星星监狱坐过牢——至少目前还没有，可是，我回想到，在自己过去的生活中，有若干次因几句赞美的话而深深影响了我整个人生……你这一生中，是否也有过同样的情形？历史上有关称赞给人神奇力量的例子，真是不胜枚举。

就有这样一个例子：五十年前，有个十岁的孩子，在那波尔斯的一家工厂里做工。那孩子从小就怀着一个理想，希望将来成为一个歌唱家。可是，他的第一位老师就给了他一个打击。那位老师说，"你不能唱歌，你的嗓子很不好，发出来的声音再难听也没有了"。

可是，那孩子的母亲，一个贫苦的农家妇女，她搂着自己的孩子，称赞他，说他能唱歌，她已经看出他在进步了。母亲光着脚去做工，为的是省下钱来给儿子付音乐班的学费。那位母亲，鼓励自己的儿子，称赞自己的儿子，最后终于改变了这孩子的一生。你也许曾听过这孩子的名字，他就是当代杰出的歌唱家恩里科·卡鲁索。

许多年前，伦敦有个年轻人，他渴望自己能成为一位作家。可是他所有的遭遇都事与愿违，处处都好像在跟他作对似的……他所受的学校教育不到四年，他父亲因为还不起债而入狱，使这个年轻人饱尝饥饿的滋味。最后，他找到一份工作，他的工作是在一间老鼠满地跑的货仓里粘贴墨水瓶上的签条。

夜晚，他跟另外两个来自伦敦贫民窟的肮脏顽童住在楼顶的一小间暗房里。他对于写作的自信心很薄弱！当他第一篇稿子完成时，他生怕会被人家讥笑，只得在夜间悄悄地把稿子投入邮箱里。他接连写稿、投稿，但他所寄出的那些稿子，也接连地都被退了回来。

可是，伟大的一天来了，他的一篇稿子被采用了。其实，他连一先令的稿费也没得到。但录用他那篇稿子的编辑赞许了他的作品。这个年轻人高兴极了，流着泪漫无目的地走在伦敦的大街上。

一篇稿子的刊登所得到的称赞和承认，改变了他的终生事业。若不是那次的鼓励，这个年轻人可能一辈子都在那满是老鼠的货仓里工作。那年轻人的名字，或许你知道，他就是狄更斯，英国伟大的文学家。

那是五十年前的事，有一个年轻人在一家店铺里工作，他每天早晨五点钟就要起来打扫店铺，一天做十四小时的苦工。这样过了两年，年轻人实在忍受不下去了。某天早晨，他等不及吃早餐，一口气走了二十四千米的路，去找他那替人做管家的母亲商谈。

他像是疯了似的向他母亲哭着哀求，他赌咒再也不回那家店铺工作了；如果他再留在那店中，他就要自杀。他写了一封长而悲惨的信给他的老校长，说他的心已破碎，不想再活下去了……他的老校长给了他一些赞美，说他是个聪明的年轻人，应该找一份更适合他做的工作，然后给他一个教员的职位。

那个赞许，改变了那个年轻人的未来，并在英国文学史上留下了使人无法磨灭的印象。因为那个年轻人在此以后，完成了77部书，用他的笔赚了100多万英镑……或许，你已经知道他是谁了，他就是英国著名作家、历史学家赫伯特·乔治·威尔斯。

1922年，加利福尼亚有个年轻人，他连照顾妻儿的生活都感到非常困难。星期天，他去教会唱诗班卖唱；偶尔在人家婚礼中替人家唱歌，可以赚进5美元。他的生活贫困极了，没有能力住在城里，所以，他在乡下的一座葡萄园里租了一间破旧的房子，每月租金只有12.50美元。

他住的房子虽然租金非常便宜，可他还是无法负担，他拖欠了人家十个月的租金。他在环境逼迫之下替房东摘葡萄以偿还租金。他后来告诉我，那时他穷得没有东西吃，不得已只能拿葡萄来填饱肚子。

失望之余，他几乎想放弃歌唱这份爱好，去推销载重汽车谋生。就在这时，他的朋友休士称赞了他，休士对他说："你的嗓音颇有发展的可能，你该去纽约学唱歌才是。"那年轻人最近对我说，就是那一句赞语，那轻微的鼓励，成了他终身事业的转折点。于是，他向朋友借了2500美元，去东部学唱歌。

你或许也听过他的名字，他是一位有名的歌唱家，名叫铁贝得。讲到如何改变一个人的意志，假如我们激励我们所接触的人，让他们知道自己潜藏着的财富，那我们所做的，不只改变了他们的意志，还改变了他们一生的命运！

这话过分吗？现在，让我们看看一位已故哈佛大学名教授，也是美国最负声誉的心理学家兼哲学家威廉·詹姆斯留下的名言：

若与我们应当成就的事业相比，我们不过是半醒着。我们现在只利用到我们身心资源的一小部分。也可以这样说，每一个人，就这样地生活着，远在他应有的极限之内；他有各种的力量，可是却不知道该怎样善加利用。

是的，就如前面所说的，我们具有各种潜在的能力，可是却惯于不会利用。这潜在的能力其中一项，就是称赞别人、激励别人，让他们知道自己这潜在的能力所蕴藏的神奇效力。

事实上，人人都有优点，都有值得他人学习之处。认识到对方的重要性，并由衷地赞美对方，就可以化解许多矛盾与紧张局面。因此，我们要善于运用赞美的技巧，对他人一点一滴的进步都要进行赞美。

2. 谈对方感兴趣的话题

每一个拜访过西奥多·罗斯福的人，都对他知识的渊博感到惊讶。哥马利尔·布雷佛写道："无论是一名牛仔或骑兵，纽约政客或外交官，西奥多·罗斯福都知道该对他说什么话。"他是怎么办到的呢？很简单，每当要有人来访的前一天晚上，西奥多·罗斯福就会研究这位客人特别感兴趣的话题。

因为西奥多·罗斯福明白，正如所有的领导者都知道的，打动人心的最佳方式是，跟他谈论他最感兴趣的事物。

耶鲁大学文学院前任教授菲尔普斯，早年也知晓这个道理，他说：

八岁那年的一个周末，我去姑妈家度假。那天有个中年人也去我姑妈家做客，他跟姑妈寒暄之后，便把注意力转移到我身上了。那时，我对帆船十分感兴趣，而那位客人在跟我谈论到这个话题时，似乎与我有同样的兴趣，我们相谈甚欢。

他离开后，我对姑妈提起这位客人对帆船也很感兴趣。姑妈告诉我，他是一位律师，对帆船不可能产生兴趣的。我惊奇地说："那他为什么一直在谈论帆船的话题？"

姑妈告诉我："他是一位很有修养的绅士，深受人们欢迎，所以才跟你谈你感兴趣的话题，陪你谈论帆船。"

菲尔普斯教授又说道："我永远都不会忘记姑妈讲的那些话。"

当我在写这一个章节时，我面前有一封信，那是热心于童子军工作的基尔夫先生寄来的。

基尔夫在信上这样写着：

有一天，我需要找个人帮忙，原因是欧洲将举行一次童子军大露营。我要请美国一家大公司资助我一个童子军的旅费。

在我会见那位大老板之前，听说他曾签出过一张100万美元的支票，随后又让那张支票作废，后来，他把那张支票装入镜框，作为纪念。

所以，我走进他办公室后的第一件事，就是请求让我观赏那张支票。我告诉他，我从没有听说过有人开过100万美元的支票，我要跟我那些童子军们讲，我的确见到过一张100万美元的支票了。

于是，他很高兴地取出来给我看，我当即表示了羡慕、赞美。同时，我请他告诉我开出这张支票的经过情形。

你注意到没有，基尔夫先生开始并没有立即谈到童子军的事和他的来意，而只是谈谈对方最感兴趣的事。结果又如何呢？基尔夫信上这样说：

"那位经理随后问我：'哦，你找我有什么事吗？'于是我就告诉他我的来意。

"那真出乎我的意料之外，他不但立即答应我的要求，且比我原来要求的还要多。我只希望他赞助一个童子军去欧洲，可是他愿意资助五个童子军去欧洲，而且连我自己也受邀在内。

"他签了一张1000美元的外汇银行支付凭证，叫我们在欧洲住七个星期。他又替我写了几封介绍信，吩咐他在欧洲各城市分公司的经理妥善地照顾我们。

"而后他自己去欧洲，在巴黎亲自接待我们，带领我们游览全市……最后，他还替几个家境清寒的童子军介绍工作。这位大老板直到现在还尽其所能地资助这个童子军团体。

"当然，我知道的，如果事先没有找出他的兴趣所在，使他高兴起来，我是根本不可能这样顺利地跟他接近的。"

3. 不要逞一时口舌之快

永远避免跟人家正面冲突。说这句话的人已经谢世了，但我得到的教训仍长存不灭。那是我得到的最深刻的教训，因为我是个听不进人言的愣小子。

小时候，我和兄弟们会为了天底下所有事物抬杠。进入大学后，我又选修逻辑学和辩论术，也经常参加辩论赛。从那次之后，我听过、看过、参加过，也批评过数以千次的争论。

这一切的结果，使我得到一个结论：天底下只有一种能在争论中获胜的方式，那就是避免争论——避免争论，就像你避免响尾蛇和地震那样。

十之八九，争论的结果会使双方比以前更相信自己绝对正确。你赢不了争论。要是输了，当然你就输了；即使赢了，但实际上你还是输了。为什么？如果你的胜利使对方的论点被攻击得千疮百孔，证明他一无是处，那又怎么样？

你会觉得洋洋自得，但他呢？他会自惭形秽，你伤了他的自尊，他会怨恨你的胜利。而且一个人即使口服，但心里并不服。

你必须明白，当人们在争论中输了，被他人说服时，他仍然会固执地坚持自己是对的。

巴恩互助人寿保险公司，为他们的职员定下一条规则，那就是"不要争辩"。

一个真正成功的推销员，他决不会跟顾客争辩，即使轻微地争辩，也会加以避免——人们的思想不是那么容易改变的。

数年前，有一个好争辩的爱尔兰人叫奥哈尔，来我的讲习班听讲。他没有受过很好的教育，可是喜欢与人争辩、挑剔别人。他做过司机，后来是汽车公司推销员，他发现自己的业务表现并不理想所以才来找我的。

我跟他说过话后，才知道他推销汽车时，常因不愿接受顾客的批评而与顾客发生口角。他对我说："我听了不服气，教训那家伙几句，他就不买我的东西了。"

对于奥哈尔，我不是教他如何说话，而是训练他如何减少讲话和避免跟人争论。

现在，奥哈尔已是纽约怀特汽车公司一位成功的推销员了。奥哈尔是如何做到的？他说出了自己的那段过往：

"现在，我走进人家的办公室，对方如果这样说：'什么？怀特汽车？那太不行了，就是送给我，我也不会要的。我打算买胡雪公司的卡车。'

"我听他这样说后，不但不反对，而且顺着他的话说：'老兄，你说得不错，胡雪的卡车确实不错。如果你买他们的，相信不会有错。胡雪牌汽车是大公司的产品，推销员也很能干。'

"他听我这样说，就没有话可以说了，要争论也无从争起。他说胡雪牌车子如何好，我毫不反对，他就不得不把话停住了……他总不会一直指着胡雪牌车子，说如何好。这样，我就找到一个机会，向他介绍怀特牌车子的优点。

"如果在过去我遇到这种情形，我会觉得冒火，我会指出胡雪牌汽车是如何不好………我越说那家公司的汽车不好，对方越会觉得它如何好，争辩就越是激烈，越会使对方下决心不买我的汽车。

"现在回想起来，我真不知自己过去是如何推销货物的。这样的争论，不知使我失去了多少宝贵的时间和金钱。现在，我学会了如何避免争论，如何少讲话，使我得到了许多的好处。"

就像聪明的富兰克林常说的："如果你辩论、反驳，或许你会得到胜利，可是那胜利是短暂、空虚的。你永远得不到对方给你的好感。"

你不妨替自己做这样的衡量，你想得到的是空虚的胜利，还是人们对你的好感？这两件事是很少能同时得到的。

波士顿一本杂志上，有次刊登出一首含意很深，而且有趣的诗：

"这里躺着威廉姆的身体，他死时认为自己是对的，死得其所，但他的死就像他的错误一样。"

在进行辩论时，或许你是对的，可是，当你要改变一个人的意志时，即使你对了也跟不对差不多。

玛度在威尔逊总统任内担任财政部长一职，他由从事多年的政治经验中得到一个教训，他说："我们绝不可能用辩论使一个无知的人心服口服。"

玛度先生说得太温和了。据我的经验，不只是无知的人，任何人你都别想用辩论改变他的意志。

拿破仑时常和皇后约瑟芬打台球游戏。在他写的回忆录中，曾有这样一句话："我知道自己球技不错，不过我总设法让约瑟芬胜过我，这样会使她很高兴。"

我们要让顾客、丈夫，或者是妻子，在无足轻重的争论上胜过我们。

释迦牟尼曾这样说过："恨永远无法止恨，只有爱可以止恨。"

所以，误会不能用争论来解决，而需要用社交技巧和给予他人同情来解决。

4. 巧妙地指出别人的错误

西奥多·罗斯福总统曾承认,假如他每天做的事情有75%是对的,他就达到最高程度的标准了。假如这个最高程度的标准是20世纪一位举世瞩目的人所希望的,你我又该怎么办呢?

假如你可以保证自己在一整天中做的事情有55%是对的,那么,你就能够到华尔街去,在那里,你一天能够赚100万美元,娶娇妻、买游艇……这对你来说不在话下。假如你难以确定,那么,你又有什么资格去指责别人的错误呢?

你的神情、手势等所有的肢体语言,在告诉别人他错了时,和言语一样有效。但假如你直言不讳地指出他的错误,那么,他一定不会感激你,而且,永远不会感激你!由于你对他的智商、判断力、自尊心、自信心都直接进行了打击,所以,他非但不会改变自己的意志，而且，还会蓄意地对你进行反击，因为你让他颜面扫地。

不信，你试试运用柏拉图、康德等人的逻辑方法来同他理论，看起不起作用。没错，根本不会起到任何作用，他还是不会改变自己的意愿，因为你的发难就像一把尖刀，深深地刺伤了他的自尊心。

切莫说这样的话："对于这件事，我的观点非常正确。可是，你为何如此自以为是，硬是不承认你自己的错误呢？你想要证明，好，我就证明给你看。"此言一出，效果不言而喻，这就等于说："我比你聪明，我要用事实来否定你的错误。"

这种挑衅行为无疑会引起别人的不满与反感，或许，根本用不着你开口，他就已像刺猬一样竖起了全身的刺，随时准备与你对抗。即使你试图用最温和的言语来改变他人的意志，说老实话，仍旧是比登天还难，就更别说某些心态失衡的人了。

换位思考一下，假如他人也那样斥责你，你会怎么办？因此，你为何不见好就收？

所谓"金无足赤，人无完人"，任何人都会犯错误。假如你想纠正别人的错误，就应该委婉地告诉他，而不要出口伤人。如此一来，既可以赢得他人的好感，又可以在他人心中留下不错的印象，何乐而不为呢？

正如一位名人劝诫自己的儿子的话："就算你比别人聪明，也不要直接告诉他们你比他们聪明。"

人的天性易变，人们的观念也随时随地在变化。二十年前我觉得正确的事，现在看来却好像是错误的了。甚至，在研读爱因斯坦的理论时，我也满腹狐疑。再过二十年，也许我不再相信我自己在这本书中所写下的内容。现在，我对所有事情都不像以前那样敢于确定了。正如古希腊哲学家苏格拉底多次对门徒们所说的："我唯一知道的事情，就是我一无所知。"

我显然没有苏格拉底那般聪明、睿智，因此，我从来没有对人们说他们错了。实践证明，我这么做真的值得称道。

假如有人说了一句你觉得大错特错的话，你最好还是试一试用这种口气来对他说："好吧，我们来商讨一下。我有别的看法，当然或许我是错的，因为我也经常犯这样那样的错误，假如我错了，我愿意听取你的意见并且及时改正。现在，让我们来一起看看这到底是怎么一回事。"

全世界的人绝不会怪罪你说那样的话，因为伸手不打笑脸人。听了你的那番话，他们也许会想："也许我是错的，让我们来仔细研究一下，看究竟是怎么回事。"

科学家也是这样。一天，我去拜访史蒂文森，他不仅是一位伟大的科学家，而且是一名杰出的探险家。他曾经在北极圈一带生活了十一年。在此期间，他有六年时间除了有一点儿水和肉吃喝外，不能食用其他任何东西，更不用说要达到营养均衡了。

他说，他正在做一项实验。我打趣地说道："你又想验证哪一方面的事情呢？"他的回答令我终生难忘："一个科学家永远不可能去验证什么，我所做的仅仅是试着去寻找事实。"

你希望自己的思想系统化，对不对？是的，除了你自己外，其他人都无法阻止你。假如你承认你自己随时都会犯错，就可以免去所有麻烦，也不需要和其他人争论或解释。而他人受你的影响，也可能会承认他自己难免会犯错。

假如你明白有人的确犯了错，而你直言不讳地告诉他、斥责他，那又会如何呢？来瞧瞧下面这个例子吧：

纽约有一位年轻有为的律师。最近，他在为美国最高法院辩护一件非常重要的案件，此案涉及一笔巨款和一个重要的法律问题。在辩护过程中，一位法官问他："《海军法》的申诉期限是六年，对不对？"

他沉默着注视了法官一会儿，然后从容不迫地说道："法官阁下，《海军法》中并没有这样的限制性条文。"

他在我的训练班上，充满激情地叙述了当时的情形："我这么一说，整个法庭顿时变得一片死寂，而那间屋子里的气温，好像一霎时就降到了冰点。我是对的，法官是错的，我确信如此，并且直接驳斥他。不过，他会不会因为我帮他纠正了错误而感激我，对我态度友好呢？我确信，我有法律依据，而且，我也明白，那次的法庭辩论中我发挥得很好。不过，最终，我并未能将法官说服——我犯了一个常人都会犯的错误，我直接指出了一位既有学识又握有实权的执法者的错误——他错了。"案件的结果不言自明。

许多人的逻辑思维能力并不强，他们都怀着这样或那样的偏见。人和人之间的关系，也都受到惊恐、忌妒、猜忌、傲慢等不良情绪的侵害。许多人不愿意改变他的信仰、思想、心志，甚至于连他们的发型也不愿改变。因此，如果你试图告诉他人他们犯了错误时，不妨先将哈维·罗宾逊教授所写的一段经典文章再读一遍。

他写道：

有时，我们会发现，自己在没有任何阻力和抵抗的情势中改变了原有的意念。不过，假如有人对我们说我们错了，我们却会无比恼恨。对于养成某种意念，我们并非很在意。然而，假如有人要抹去我们的这股意念，我们就会对这股意念突然变得坚定而固执起来。这并不是说我们对这股意念有着强烈的偏爱，而是因为我们在自尊心受到了侵害和攻击时，会自发地发起反击。

"我的"，是人与人之间的一个极为重要的措辞。假如你恰当地运用它们，你就拿到了打开成功之门的钥匙。

不管是"我的"父亲，"我的"狗，"我的"饭，"我的"屋子，还是"我的"上帝，只要用上它们，就会产生摄人心魄的神奇魔力。

我们讨厌他人批评我们的错误，甚至不愿意听到别人说我们的汽车太旧。我们总愿意继续相信我们所认为的"好的"或"对的"事物。假如有人对其表示怀疑，我们就会反感甚至憎恶他，甚至还可能会用各种方法来反击他人。

有一次，我让室内设计师替我换一套新窗帘。当他送来账单时，我大吃一惊，那大大超出了我的预算。

几天后，一位朋友来拜访我。看到那套新窗帘，她就问它的价钱。我刚一说完，她就惊叫起来："我的上帝啊！这真是太荒唐了，你是一不留神被骗了吧！"

果真如此吗？真的是这么回事吗？没错，她说得很对。不过，我们都不愿意听实话，因此，我恼羞成怒地大声抢白："一分钱一分货，好货从来不便宜！"

第二天，另外一个朋友到我家，她对那套窗帘大加赞赏。她甚至还说，她正想着买一套这样的窗帘。

听到这话，我昨天的不痛快一下子就消失了。我颇为自豪地说道："说老实话，这套窗帘的价格高昂，我现在真有些后悔花了这么多钱。"

即使我们认识到自己犯了错，恐怕也只想在心底里向自己认错。再换个角度，假如他人愿意给我们承认错误的机会，我们会感恩戴德，没等他人说出口，也许我们就会抢先承认了。假如有人硬将倒胃口的东西往我们的喉咙、肠胃里塞，那么，我们肯定是难以接受的。

美国南北战争期间，有一位颇负盛名的舆论家赫雷斯·格里莱同林肯总统的政见不合。

于是，这位舆论家在争辩中不时诋毁、取笑林肯总统。他月复一月、年复一年地大肆攻击林肯总统。据说，就在林肯总统遇刺的那天夜晚，这位舆论家还奋笔疾书写了一篇措辞傲慢、尖酸刻薄的文章讽刺林肯总统。

这些言论攻击有什么用吗？根本没用！

假如你想学习人与人之间的相处之道，管理并改善个性，那么我建议你读一读《本杰明·富兰克林自传》。这不仅是一部妙趣横生的传记，还是一部美国文学名著。在这部自传中，本杰明·富兰克林指出，他是怎么改正自己好争辩的不良习惯，最终成为美国历史上一位平易近人、精明强干的杰出外交家的。

年轻时，本杰明·富兰克林是个冒失莽撞的人。他的一位朋友还因此狠狠地教训了他一顿。他叫着本杰明·富兰克林的名字，严厉地批评他："我的朋友，你这样做很不够意思。你怎么可以如此打击与你意见不合的人呢？现在，大家都对你的意见置若罔闻。假如你缺席了，你的朋友都会觉得他们玩得更加愉快。你懂得太多了，以致他人再也不愿意对你说任何事情了，你的锋芒让你拒人于千里之外。事实上，长此以往，你除了现在理解的极有限的知识外，不会再懂得其他更多的知识了。"

本杰明·富兰克林会取得巨大的成就，也许，应部分地归功于那位朋友的严厉批评。那时，本杰明·富兰克林的年纪不算小了，以他的聪明才智，完全可以领悟其中的道理。或许正是此事让他意识到，自己假如不洗心革面，就会遭到世人抛弃。因此，他将他过去的不切实际的人生观都努力地改了过来。

本杰明·富兰克林说道："我制定了一项规则来约束自己，我不再让自己同其他人有所不同，我不再固执地坚持自己的见解。我将凡是有肯定意味或语意绝对的词语，比如'当然了''无疑的'等，都改成了'我猜测''我推断'，或是'我设想'等词语。当他人直接地指出我的错误时，我也同样放弃马上驳斥对方的念头，转而用婉转的语言答复。"

"不久，我的态度转变所带给我的好处让我兴奋不已。之后，不论我参加什么活动，都真切地感觉到自己与大家的关系变得更融洽，相处得更愉快了。当我不卑不亢地提出自己的见解时，他们通常都会欣然接受，很少有人反对。当人们指出我的错误时，我也不再懊恼不已。在我'没错'的时候，我更容易劝服他们放弃自己的错误，接受我的见解。

"起初，当我尝试这一做法时，'自我'很激烈地倾向反抗与敌对，久而久之，我就形成了这一习惯。在过去的五十年里，大概已经没有人再听我说过一句武断的话了。我想，那是因为我养成了这种习惯。这使我在每次提出一项建议后，都可能会获得他人热烈的掌声。我并不善于演讲，口才一般，喜欢用古老的词语，常常会说出一些很奇怪而又不着调的话来。不过，我的大部分见解通常都可以获得人们的赞赏。"

5. 行动是最有力的语言

几年前，《费城晚报》受到了恶意诽谤，该报的销量一度严重下降。造成这种现象的原因是，读者对《费城晚报》强烈不满，因而停止购买。

而读者之所以会不满，是因为有人恶意散布谣言说《费城晚报》上登载的广告太多，而且内容空洞无物。于是，《费城晚报》即刻采取措施，以应对这一变故。

那么，他们是怎么做的呢？他们的应对方法如下所述。

该报将一天里的各种报纸资料剪下来，而后分门别类地编成书，书名就叫作《一天》。这部书竟然多达307页，几乎相当于一本价值2美元的书，而该报仅仅卖2美分。这本书几乎将《费城晚报》中那些最丰富、翔实的内容都具体呈现了出来——这显然比那些用数字、图表和理论来说明问题的书更有趣、更清晰、更具有吸引力。因此，它一经出版就备受好评，一时之间销路大增。

在《商业上的表演术》一书中，柯特和考夫曼举了很多例子来说明怎么增加一家公司的营业额。

在这部书中，引述了一家电气公司销售冰箱的例子：为了证明冰箱在通电时毫无声响，这家公司让买主在冰箱在通电时边擦火柴，借着听到擦火柴的声音，而证明他们的冰箱在通电时没有一丝声音。

此外，还有一些例子。洛巴克帽子公司以每顶1.95美元的价格，销售电影明星安·苏珊签过名的帽子；范尔巴把活动陈设窗停止后，丢掉了80%的客户；一家玩具公司，用了米老鼠的商标，使公司由濒临破产转为兴盛；克莱斯勒汽车公司在一辆汽车上放上几头大象，证明他们公司的汽车是非常坚固、结实的……

纽约大学的巴顿和伯西在分析了15000个售货访问情况后，他们写了一本叫《怎样赢得一场辩论》的书。他们将这本书中的原则归纳成了一篇演讲稿，即《售货六原则》。接着，他们将这些原则拍成了一部电影，在数百家大公司的营业部职员面前放映。他们还在各公共场所进行示范表演，指出销售人员在售货时正确和错误的方法。

现在是表演的时代，想要影响别人，你需要付诸更生动活泼、更有趣、更戏剧化的行动。所以，你不得不用有效的"表演术"。电影和无线电的应用验证了这种表演术，你也应有像他们那种表演的本领。电影明星这样做，无线电台这样传播，倘若你想要引起他人注意的话，你也应该这样去做。

那些布置橱窗的专门人才，他们明白戏剧化有惊人的力量。例如：有一家鼠药制造商为零售商布置了一个橱窗，上面放了两只活老鼠，以证实那种鼠药的功效。果然，在这星期内所销售出的鼠药，比平时的销售量多出了五倍。

《美国周刊》的波恩顿想要做一篇很长的市场报告，他的公司为一家最著名的润肤霜生产厂商完成了一篇详细的研究规划。别的润肤霜生产厂商纷纷降低价格，准备参与竞争。这一事实他必须要向该厂的主人说明。

波恩顿先生承认，第一次接洽算是失败了。他说：

第一次进去后，我觉得自己闯入了思维的禁区，转到那条无用的、错误的调查之路上。对方辩论，我也辩论：对方说我是错误的，我就尽力证明自己并没有错误。

最后，虽然我的理由占了优势，自己也觉得很满意，可是我的时间到了，会谈结束了，我仍然没有获得效果。

第二次，我没有去理会那些数字和各项资料，我把事实用戏剧的手法表演出来。我进入他的办公室时，他正忙着接电话。等他放下手里的电话筒，我就打开一个手提箱，拿出32瓶润肤霜，放到他桌上，让他明白，这些东西都是同业的竞争品。

在每一个瓶子上我都贴上一张纸条，上面写出调查的结果，那些纸条上也简明地写上该商品过去的情形。

结果如何呢？

这次不再有辩论了，反而发生了新奇的事情——他拿起一瓶又一瓶的润肤霜来看上面的说明。

接着，友好的谈话在我们之间展开，我们极融洽地进行了一番畅谈。他问了不少其他的问题，而且也对我的工作产生了浓厚的兴趣。他本来只给我十分钟谈话的时间，可是十分钟过了，接着是二十分钟、四十分钟，快到一个小时的时候，我们还在谈。

这次，我所讲的跟上次一样。可是，这次我把事实戏剧化，并用了表演术，所得的结果是多么不同啊！

6. 分清赞美和批评的主次

在柯立芝总统执政时期，我的朋友曾经受邀去白宫做客。当他进入总统的办公室时，正好听到柯立芝总统对他的女秘书说道："你这套衣服非常漂亮，你也很清纯可人。"

柯立芝总统一向寡言少语，一生之中很少赞美他人，这次却对他的女秘书说出充满赞美的话来。那个女秘书喜不自胜，两颊顿时泛起红晕。柯立芝总统继续说道："别不好意思，我刚才说的话还有一个目的，就是让你带着愉快的心情从事工作。不过，在以后的工作中，你需要注意在公函中正确地使用标点。"

柯立芝总统的做法非常妥当。当别人听了我们的赞美后，再接着指出他不尽如人意之处，他在心理上可能会更容易接受些。

在给人修面之前，先用肥皂水进行滋润。1896年，麦金莱在竞选总统时所采用的方法，也包含着同样的道理。

在苦思冥想之后，一位很有威望的共和党人，起草了一份自以为无可挑剔的演讲稿。他难掩心中的激动之情，于是兴高采烈地来到麦金莱面前，将这篇演讲稿绘声绘色地朗诵了起来。麦金莱听后觉得，这篇演讲稿虽然不乏可圈可点之处，不过，并非完美无缺。假如发表出去，很可能会引发一场舆论的口诛笔伐。

不过另一方面，麦金莱又不愿打击他的积极性，显然，直接说"不"并不明智，那么麦金莱是怎么做的呢？

听完后，麦金莱说道："朋友，你的这篇演讲稿堪称精妙绝伦，我确信再也不会有人比你写得更好了。就众多场合而言，这的确是一篇热情洋溢的演讲稿，不过，假如在某种特殊场合，是不是也同样适用呢？显而易见，从你的角度来看，它肯定是很适合的。不过，我必须从党派的立场来预估这篇演讲稿发表后将会产生的实际效果。因此，我想再额外补充几点。你现在就回家，然后根据我说的这几点再写一篇，并给我送过来。"

那名共和党人很快又写好了一篇。他将这份草稿拿给麦金莱看，麦金莱拿起蓝笔对这份草稿做了修改和润色。结果，那名共和党人在那次竞选活动中成了最具影响力的助选人员。

下面，我要说的是林肯总统在美国内战时期所写的第二封著名的信件（林肯总统第一封著名的信件是写给毕克斯贝夫人的，对她五个儿子战死疆场表示慰问）。据说，林肯总统写那封信花了五分钟时间，不过，它在1926年公开拍卖时，售价却一路飙升，最终以12000美元的高价成交——这么昂贵的费用比林肯总统五十年的全部积蓄还要多。

这封信写于1863年4月26日，美国内战最激烈的那段日子。战事已经持续了十八个月，林肯总统任命的将领们指挥的北方联军屡受重创，到处都能够看见灭绝人性而又愚昧无知的血腥屠杀场面。

那时全国一片哗然，人心浮动，数千战士弃阵而逃，甚至，连参议院里的共和党议员之间也出现了彼此攻击的情况。更令人惊愕的是，居然有不少人借机兴风作浪，试图把林肯总统赶出白宫。

林肯总统曾经如此说道："现在，我们已经几近崩溃的边缘，我甚至都能感觉到上帝也在暗中阻挠我们，让我看不到一丝希望。"

这封信就是在如此艰难、混乱的局势下写成的。在这里，我之所以会提到这封信，是因为我想要让大家看看林肯总统是怎么说服一位顽固不化而又关系到国家安危的将领的。

这封信是林肯总统任职之后所写的措辞最为尖锐的一封信。不过，你不难发现，林肯总统是在赞扬霍格将军之后，才指出他的种种严重错误的。而且，在指出其错误时，林肯落笔稳健，运用了灵活的手段，他在信中如此写道："就一些事而言，我对你的做法并不是很满意。"

我们还是一起来读读林肯总统写给霍格将军的信吧。

我已经任命你担任波托马克军队的司令官。你清楚，我这样做是有充足理由的。不过同时我也希望你明白，就某些事而言，我对你并不是很满意。我确信，你是一个睿智、善战的军人。当然，这让我非常欣慰。同时我也确信，你不至于将政治和你的本职工作混为一谈，而且，你也的确这样做了。你对自己充满信心，这无疑是一种难能可贵的美德。

你有凌云壮志，在一定程度上，这是有益无害的。不过，在波恩雪特将军带领军队时，你纵容自己，随心所欲，甚至对其进行阻挠。在此点上，你对你的国家，对一位功勋卓著的同僚，犯下了非常严重甚至是致命的错误。

我曾经听说，并且，我也确信我的耳闻，你说政府和军队需要一位独断的领袖。但是，我给你军队指挥权并不是出于这一原因，更何况，我也不曾想到这些。

只有在战争中获胜的将领，才具有独断的资格。眼下，我对你的期望是军事上的胜利。到你旗开得胜之时，我会立刻授予你独断的权力。

政府将会竭尽全力帮助你，就像帮助其他将领一样。我真的非常担心那种不信任上司的情感在你身上会不经意地流露出来，因此，我情愿全力以赴帮助你剔除这种极其危险的思想。

假如军队中有这种思想存在，即便是拿破仑一世尚在人间，试问他又怎能取得胜利？现在千万不要草率行事，也不要过于焦灼，你需要谨小慎微、通宵达旦去争取我们的军事胜利。

我们当然不是柯立芝总统、麦金莱总统，更不是林肯总统。也许，你想知道这种哲理对日常商业行为是不是管用，我们现在就以费城的华克公司的卡伍先生为例来论证一下。

卡伍先生是一个像你我一样的普通人，是我在费城所举办的一个训练班里的一名学员。

他在班里讲过这样一个故事：

在费城，华克公司承包建筑一座办公大厦，而且指定在某一天必须竣工。这项工程的每一件事进行得都非常顺利，眼看这座建筑物就快要完成了。突然，承包外面铜工装饰的商人说他不能如期交货。上帝啊！难道整个建筑工事都要停顿下来？不能如期完工，就要交付巨额的罚款。如此惨重的损失只是由于那个承包铜工装饰的商人不能按期交货。

华克公司在长途电话里与其进行了激烈的争辩，可是没有半点用处。于是卡伍被派往纽约，找那个人当面交涉。卡伍走进这位经理的办公室，第一句话就这样说："你知道吗，你的姓名在纽约市是绝无仅有的。"这位经理听到这话后，感到极为惊诧，他摇摇头说："不，我不知道。"

卡伍说："今天早上我下了火车，查电话簿找到你的地址，发现整个纽约市里只有你一个人叫这个名字。"

那位经理说："是吗？我从来不曾注意过。"于是，他很感兴趣地将电话簿拿来查看，果然，一点儿也不错，真有这回事。于是，那位经理颇为自傲地说："是的，这是个不常见到的姓名，我的祖先原籍是荷兰，搬来纽约已有两百年了。"接着，他就兴致勃勃地谈论起他的祖先和家世的情形。

卡伍见他将这件事谈完了，又找了个话题，赞美他拥有这样一家规模庞大的工厂。卡伍说："这是我所见过的铜器工厂中最整洁、最完善的一家。"那位经理说："是的，我花去所有的精力经营这家工厂，我对此引以为荣，你愿意参观我的工厂吗？"

参观的时候，卡伍连连盛赞这家工厂的组织系统，且指出哪些方面要比别家工厂优良，同时也赞许了工厂所用的几种特殊的机器。

那位经理告诉卡伍，那几种机器是他自己发明的。他花了很长的时间，说明这类机器的使用方法，以及它的特殊功能。然后，他坚持请卡伍一起共进午餐。

这一点你必须记住，直到现在，卡伍对于他这次的来意还只字未提。

午餐后，那位经理说："现在，言归正传。当然，我明白你这次来这里的目的。可是想不到，我们见面后会谈得这样愉快。"他脸上带着笑容，接着说："你可以先回费城，我保证，你们的订货会准时运送到你们那里，即使牺牲了别家生意，我也在所不惜。"

卡伍并没有提任何要求，然而，他的目的就这样顺利地达到了。最终，那些材料全部如期运到，而那座建筑也没有受到任何影响，如期完工。

现在，话又说回来，假如卡伍当时用了激烈争辩的方法，会有这样满意的结果吗？

7. 坦承自己的错误

倘若我们明白一定要受到处罚，那为什么不在他人处罚我们之前大胆承认错误呢？这样更有助于找出自己的缺点，这比听别人的批评要好得多。

假如你可以在别人处罚你之前，很快地找个机会承认自己的错误，对方想要说的话你已替他说了，他自然就无话可说了，那你就会有99%的机会获得他的谅解。

据史料记载，当年，美国南方军队的统帅罗伯特·李将军做了一件为人所称道的事情。乔治·皮克特在葛底斯堡战役中惨遭失败，而罗伯特·李将军将所有的失败原因都归咎到自己身上，他进行了深深的自责。

　　"皮克特冲锋"，是美国内战甚至西方军事史上极为光荣、生动的一次战役。南方军的将领皮克特留着一头褐色的美发，长发披落在他的肩上和背上，显得他异常英姿飒爽、风度翩翩。他也因而深得美女们的青睐。正如拿破仑一世在意大利战役中一样，皮克特每天都忙着在战场上写情书。

　　七月的一个下午，那是一个令人扼腕的日子。他英勇地骑着马冲向北方联军阵线，那股英武之气赢得了所有将士们的喝彩，将士们都紧紧跟随他向前挺进。北方联军阵线的军队远远望见这一幕，也情不自禁地发出一阵低沉的赞美之声。

　　皮克特率领着军队迅速前进，一路穿过农田、草地、果园，越过山峡……敌人的炮火接连不断地向他们猛烈攻击，但是，他们仍旧冒着枪林弹雨勇敢地向前冲。

　　突然，埋伏在石墙隐蔽处的北方联军从后面蜂拥而至，猛烈地打击前方毫无准备的皮克特军队。一霎时，山顶上宛如火山爆发，熊熊大火绵延不绝。只用了几分钟时间，皮克特率领的5000人中，近八成的士兵顷刻之间倒在了血泊之中。

　　一位军官跃过石墙，用刀尖挑起军帽，带着残余军队浴血奋战，他大声疾呼："弟兄们，冲啊，杀啊！"一时间士气大振，他们穿过石墙与北方联军短兵相接，经过一阵肉搏战，最终，将南军的战旗插到了山顶上。

虽然战旗只在山顶上飘扬了很短的时间，但这是南方军队所取得的最大的一次胜利。这场战役使皮克特赢得了人们对他勇敢而光荣的赞誉，不过，这也即将成为他的军事生涯的终结——他清楚，罗伯特·李将军的主力被击溃了！他已经不可能东山再起了，南军失败了！

南方军队的最高统帅罗伯特·李将军遭到了沉重的打击，他心如死灰，无精打采。他向南方邦联政府总统戴维斯递交辞呈，请求他另请高明来扭转战局。

事实上，若是罗伯特·李将军将"皮克特冲锋"的惨败归咎于他人，也不是不可以，他甚至能够找出无数条理由，如：一些师长没有尽到应有的职责；骑兵队后援太迟，没有能够及时协助步兵进攻……

总之，这个有错，那个有错。只要他愿意，就可以找出数不清的理由来为自己开脱。

不过，罗伯特·李将军并不曾那样做，他没有责备任何人，更没有将战败的责任归咎于他人。当皮克特率领残兵败将逃回时，罗伯特·李将军单人独骑地去迎接他们。他自责地对将士们说："这次战役的失败都是我的过错，我应该负全责。"

这样的勇于直面失败、承担责任的一代名将，古今中外，屈指可数。

如果我们没错，我们能够巧妙、委婉地让别人赞同我们的观点。不过，当错在我们时，激烈地辩论会使你永远难以获得受重视的满足感。我们要迅速、坦诚地承认错误，运用这一策略，你获得的将会比你所希望得到的多得多。它不仅可以产生惊人的效果，在许多情况下，也比自我辩护的效果更好。

费丁南·华伦是一名商业艺术家。通过运用上述技巧，他给一位脾气暴躁的艺术品顾客留下了好印象，他说："精确无误，一丝不苟，是制作商业广告和出版品的最重要条件。"

费迪南·华伦先生讲了这样一个故事：

"有些艺术编辑要求我们立刻完成他们所交给我们的任务，在这种情况下，难免会发生一些小错。我明白，某位艺术组长始终喜欢从鸡蛋里面挑骨头。离开他的办公室时，我一直觉得心里很不爽，这不是由于他批评了我，而是由于他攻击我的方法让我反感。

"近期，我交了一本很急的稿子给他，之后他打电话过来，让我马上去他的办公室，他说那本稿子有问题。当我到他的办公室之后，不出我所料——他居心叵测，终于逮住了给我找麻烦的机会。

"见此情景，我急中生智，主动做了严厉的自我批评。就这样，对方的目的达到了，怒气自然也就消了，这件事情得到了圆满解决。之后，对方不但主动邀请我共进午餐，临别之际，他还给我开了一张支票，并且交代了我另一份工作。"

由此可见，一个人有勇气承认自己的错误，也能够获得某种程度的满足感。这不仅能够消除自身的负疚感，缓和剑拔弩张的紧张局面，并且，还有助于解决由这一错误所衍生的其他问题。

8. 真心实意地关爱他人

当看到一张有你在内的合影照片时，你会先去看谁？假如我猜得没错，你一定会先在那些人中间去寻找你自己。假如你认为人们都关爱你，对你兴趣浓厚，就请你回答这个问题：若是你某天晚上一命呜呼，会有几个人来参加你的葬礼？

如果你不先关爱他人，他人又怎么可能对你感兴趣、关爱你呢？取出你的纸和笔，将下面的话写下来：假如我们仅仅想惹人注意，让他人对我们产生兴趣，我们永远都不可能有几个贴心朋友。

朋友，真正的朋友，用这种方法是根本交不到的。

萨士顿是美国人公认的"魔术之王"。当他在百老汇最后一次献技时，我抽空去他的化妆室拜访他。我们促膝长谈，谈了整整一个晚上。四十年来，萨士顿遍访世界各地，他精湛的魔术技艺让观众为之神魂颠倒。

粗略估计，全世界约有6000万以上的观众看过他的精彩表演，这些演出为他赚了200万美元的丰厚收入。

我诚恳地请萨士顿先生谈谈他的成功之道。需要指出的是，萨士顿先生从来没有上过大学，因此，教育跟他所取得的突出成就关系不大。幼年时，他就因故离家出走。从此以后，他成了一个四处游荡的流浪汉。那时他生活困窘，为了活命，他时常要挨家挨户去乞讨。他识字不多，并且，大都是通过车窗看到铁路两旁的广告牌才认识的。

他对我说，他压根儿就没有高深莫测的魔术技艺。他已经收集了数百种关于魔术的书，而且，有很多人掌握的魔术知识并不比他少。现在，在魔术方面，能够达到他这样水平的人并不少，但他拥有他人都没有的两大法宝：

第一大法宝就是，他在舞台上可以展现自己的人格。他是一位天分极高的表演天才。所有动作姿态、说话声调，他都在事前经过了严格的预演。他动作敏捷、反应灵活，每个动作都配合得恰到好处。

第二大法宝就是，萨士顿对人有浓厚的兴趣。他对我说，许多魔术师在面对观众时，并不是从心底里尊重观众，而是在心里暗自嘀咕："这帮蠢货、乡巴佬，看看我耍的把戏是怎么哄你们的。"

萨士顿却不是这样的。他对我说，每次登台前，他一定会对自己说："我要感谢这些观众，是他们为我捧场，是他们让我能够过上舒适、惬意的生活，我要全力以赴表演好魔术，不辜负台下的每一位观众。"

每次上台前，他都会反复不断地告诫自己："台下是爱我的观众，我也爱我的观众，我要努力地回报他们。"

这听起来荒诞不经、不合情理吗？你可以随便想，即便你瞧不起这种方式也没什么。我要做的，仅仅是将这位美国著名的魔术师的成功之道不加任何评论地、尽可能原汁原味地呈现给你，供你参考。

西奥多·罗斯福总统政绩突出，备受世人爱戴，而他的成功秘诀之一也是关爱他人。

他的仆人们也都爱戴他，他的黑人侍从阿莫斯写了《西奥多·罗斯福：我心中的英雄》一书。在这本书中，阿莫斯说了一个动人心弦的故事。

　　一天，我妻子问西奥多·罗斯福总统，美洲鹑鸟是什么样子，因为她从来不曾见过鹑鸟，而西奥多·罗斯福总统仔仔细细地向她做了说明。

　　过后不久，我家里的电话响了，妻子接起电话。这电话是西奥多·罗斯福总统打来的，他来电是要对她说，此时此刻，在她的窗外正停着一只美洲鹑鸟，让她试着向窗外看看，也许就可以看到。

　　那时，我们住在西奥多·罗斯福总统牡蛎湾住宅内的一所小房子里。

　　诸如此类的日常琐事还有不少。从这些小事中，我们就可以看出西奥多·罗斯福总统为人处世的一大特点，即关爱他人。

　　不管什么时候，当西奥多·罗斯福总统从我们家房前经过时，虽然有时看不见我们，但是我们仍然能够听到"嗨，阿莫斯""嗨，安妮"的亲切问候。像他这样的主人，怎么可能不让佣人们喜爱？又有谁会不喜欢他呢？

　　一天，已卸任的西奥多·罗斯福去白宫见塔夫脱总统。正碰上塔夫脱总统偕夫人外出。西奥多·罗斯福善良、真诚的天性这时得到了突出的展现。他一一叫出了白宫里原来当差的所有伙计（甚至做杂务的女仆）的名字，并同他们友好地打招呼。

阿彻·巴特记下了当时的场景:

西奥多·罗斯福看到厨房里的女佣艾丽丝后,他问她是否还在做玉米面包。艾丽丝对他说,有时,她会做那种面包给用人们吃,其他人不怎么吃。西奥多·罗斯福听了以后大声说道:"他们真没有口福。见到总统后,我一定将这件事对他说。"艾丽丝拿了一块玉米面包让西奥多·罗斯福品尝。他边走边吃,一直向办公室走去。经过园丁、工友旁边时,西奥多·罗斯福同他们每一个人都亲切地打招呼,并和他们友好地交谈,就像他做总统时那样。艾克·胡佛是一个老用人,他热泪盈眶地说道:"这是我这几年来唯一真正快乐的日子,即便有人拿100美元来,我也不会同他交换。"

也正是这种深切关爱他人的天性,让哈佛大学校长伊利亚博士深受师生爱戴。

一天,大学一年级学生克列顿来到校长办公室。他想要在贫困学生贷款项目中借贷50美元,这一请求得到了批准。而后克列顿回忆说:"我拿到钱后,心里由衷地感激。而当我正要走出校长办公室时,伊利亚校长将我叫住了。他说道:'请你再坐一小会儿吧!听说你在宿舍自己做饭吃,假如你吃得还可以,而且做得也不错的话,我建议你将这个习惯坚持下去。过去我上大学时，也这样做过。'我大为惊讶，他接着说道：'你有没有做过肉饼，假如用牛肉馅，并把它煮得又熟又烂的话，那无疑是一道美味可口的菜，过去我就非常喜欢吃这道菜。'后来，他又对我说了怎么选肉，怎么煮，怎么将粥做成肉冻等一些详细的烹饪方法。"

我从自己的经历出发，总结出了下面的经验：一个人凭着对别人的真诚关心，可以赢得美国最忙的人的注意。下面，我来举例说明。

纽约城市大学布鲁克林学院，是美国纽约城市大学下属的一所公立学院。几年前，我曾经在该学院开了一门叫小说创作的课。那时，我试图邀请诺里斯、塔勃尔、赫斯德等著名作家来向同学们分享他们的创作心得。

于是，我给他们每一位写了一封信，说我很欣赏他们的小说，希望他们能抽出宝贵的时间来给我的学生做些指导，讲讲他们的写作经验和成功之道。我在每一封信上都附上了上这门课的150名同学的签名。

我在信上还写道，我知道他们都非常忙，没有时间准备演讲稿，因此，在每封信里我都附上了一张问题表，请他们将它填好后，再寄给我。他们对我的做法深表赞同。试想一下，我做得这样周到，谁又会不喜欢呢？因此，他们都从很远的地方赶来了，帮助我解决了同学们关心的各种问题。

运用同样的方法，我们还成功地邀请到了西奥多·罗斯福任期内的财政部长莱斯利·肖，塔夫脱总统任期内的司法部长乔治·威格沙姆，以及威廉·布莱恩、富兰克林·罗斯福等许多名人。他们都曾在我的演讲班上为学员们做了热情洋溢的演讲。

我们想要和别人交朋友，就应该先为他人做些需要花费时间、精力和诚意的事情。

当爱德华公爵还是英国王储的时候，他就有了游遍南美洲的打算。在出发之前，他花了不少时间去学习西班牙语，其目的就是，这样便于和南美各国人士直接交流。因此，到了南美洲后，他受到了南美人民的普遍欢迎。

这些年来，我认真地打听我的每一个朋友的生日。不仅如此，我还千方百计地了解对方的各种信息。那么，我具体是怎么做的呢？当然，我完全不相信"占星术"或"星相学"之类的东西。不过，见了朋友后，我常常会问他们是不是相信生日和个性、气质之间有着某种神秘的联系。然后，我通常会让他告诉我他的出生日期。

假如他说他的生日是11月24日，我就用心将它记住。等到他一转身的工夫，我就偷偷地将他的姓名、生日等记下，回家后再将它们写在一本"笔记簿"上。

每年年初，我都会将收集到的生日信息汇总一下，然后再写进桌子上的台历上。等到某人的生日来临时，我就会发给他一张明信片，或者是致电表示祝贺。当对方收到我的祝福时，他一定会非常高兴。因为，除了他的亲朋好友之外，我是世界上唯一将他的生日记得一清二楚的朋友。

9. 设身处地为他人着想

每个人都是独一无二的，因此，他们肯定会有这样或那样迥然不同的思想和行动，他们那么做一定有他们的道理。我们找出那个隐藏着的道理来，对他们的人格、行动就可以看得很清楚，也可以理解他们那样做的深层原因了。

一定要设身处地为他人着想：假如我们自己处于他那样的境遇，我们又会如何做呢？假如你有了凡事都会设身处地为他人着想的念头，便能够节省许多时间。同时，也会减少许多烦恼。因为，当你提前明了了他人做事的缘由后，自然就不再会憎恨这一事件的必然结果了。

长期以来，我都喜欢在我家附近的一座公园里漫步、骑马，用这来作为业余消遣。潜移默化地，我就对花草树木生出了怜爱之心，不难想象，我对它们的感情非常深厚。因此，当看到一些灌木和小树被人为烧掉时，我心里真的很不是滋味。

那些烧毁它们的火或者是那些烟鬼们粗心大意引起的，或者是淘气的孩子们在树林里生火野餐时不小心燃起的。有时，火势绵延很广，甚至需要消防队来才可以扑灭。

这座公园的边上放着一块布告牌，上面醒目地写着："凡是引火者都将会遭到罚款或监禁。"不过，那块布告牌放在很偏僻的地方，基本上不会引起人们的注意。一位负责管理公园的警察整天骑着马在公园里视察，但是他好像对于管理公园并不上心，要不然公园又怎么会频繁失火？

一天，我着急忙去找那个警察。我对他说，公园里着火了，而且火势迅速蔓延，我恳求他赶紧通知消防队来灭火。然而，他的反应非常迟钝，好像对这种事已经见怪不怪了。他说，失火的地方不在他的管辖范围之内，他没有义务做这件事。从此以后，只要每逢到这座公园里来玩时，我就会主动负起保护公园里公共财产的责任。

起初，我对孩子们在树下生火野餐非常反感。当然，我也从来没有去揣摩过孩子们的心理。因此，每次看到他们生火时，我就会很生气，就想马上阻止他们的这种行为（实际上，许多年后我才意识到，那时自己的做法非常不妥）。我走到那些孩子跟前对他们说，公园规定，树下生火要被拘禁。可以想见，我当时的语气一定非常严苛。

我强制他们将火熄灭，我还对他们说，假如不照办的话，我会立即将他们抓去交给警察。我明白，也许，那时我仅仅是为了发泄情绪，并不曾想到他们的感受。

结果怎样呢？

那些孩子们非常不乐意地照办了。不过，他们心里并不服气。当我刚一离开，他们就又生起火来，甚至还扬言要将整个公园烧掉。

后来，我逐渐意识到，自己应该学习一些待人接物、为人处世的方法技巧，学习各种和人友好相处的要领。这时，我才意识到，我应该经常设身处地为他人着想。于是，我改掉了之前的鲁莽做法，不再命令和强迫别人。假如几年后的今天，再看到孩子们在公园里玩，我可能会这样说：

"孩子们，你们玩得高兴吗？你们计划晚餐做些什么？小时候，我也喜欢自己动手生火做野餐，现在想起来回味无穷。不过，你们也许不知道，在公园里生火是非常危险的。但是，我明白，你们都是好孩子，不会惹什么麻烦。可是其他小朋友恐怕就不会像你们这样小心了吧。他们看到你们在生火做野餐，要是也跟着玩起火来，甚至回家时都忘记了将火扑灭，致使干燥的树叶被烧着，结果连为我们遮风挡雨的大树也给一并烧了。假如我们再不细心呵护树木，这个公园就会没有树了。那时，这座公园就会变得荒芜，我们大家都不会再有这么好的地方来游玩了。

"你们看见公园那边的布告牌了吗？它的上面写着，禁止在公园玩火，要是谁不听话，违反了这项规定，就要被罚款或者被投进监狱。我并不想扫你们的兴，我也希望你们玩得尽兴。只要你们别将火堆靠近干树叶。同时，回家之前，不要忘记在火堆上盖上泥土将火扑灭，我就不会干涉你们。假如你们下次再想玩时，我建议你们到沙堆那儿去生火，好不好？那里没有危险。孩子们，谢谢你们，希望你们玩儿得高兴。"

现在想想，要是我那时能说出这些话来，效果肯定会大不相同，而且，那些孩子可能会很乐意地与我合作。他们不会反感、抱怨，也不会觉得没面子，不得不去做他人强迫他们做的事情。

如此一来，他们不但保全了面子，而且可以玩得很高兴，何乐而不为呢？这样，他们可能会非常满意，而我也会觉得满意，因为，我是在设身处地为他们着想。

我想要对大家说一个事实，当我们想让他人做一件事时，最好还是闭上眼睛，认真地想一想其前因后果，而且，尽可能设身处地为他人着想，然后，再问自己："他为何要这么做？"

　　当然，这多少会有些麻烦，有些浪费时间。不过，这样做你不仅会赢得更多的友谊，还会减少原本必然会产生的摩擦，缓和令人不快的紧张气氛。

第二部分
商业沟通技巧篇

第3章

谈判的艺术

1. 谈判要讲究策略

在现在这个复杂的社会，谈判对于我们来说，就如同家常便饭一样。我们希望能够涨工资，希望以最便宜的价钱买到一套房子，甚至处理一件事的时候和他人的想法不一致……这些都能够由谈判来解决。

许多人都羡慕那些能言善辩的谈判专家，他们总是可以让自己的话被别人相信，从而达到自己的目的。然而，他们大多数也是通过自己后来的努力，也不是刚开始就在这一行里做得非常出色。

只要你愿意，你也完全可以像他们那样。不过，在变成那样之前也许是非常艰苦的，你需要掌握一些技巧，和他们付出一样的努力。

如今，实现双赢是人们共同的愿望。双赢就是在不损害对方利益的前提下，使自己的利益最大化。怎么样让谈判实现双赢，是我们这一章要讨论的。

一个谈判者要考虑的是，在对方同意的前提下获得自己想要的东西，这就显示出谈判技巧运用的重要性。我们先看一个失败的案例，可能这样更能说明问题。

美国一直存在着劳资之间的矛盾。有一次，一家钢铁公司的劳资双方第一轮谈判失败了，让情况变得非常糟糕。当时，就像在一般情况下一样，其中一方说："我们还需要更多的东西。"这就说明对方要求给予得更多。这样的话，双方都不可能随便同意谈判条件，工人们最终不得不罢工。

而事实上，就算工会获得了胜利，他们所得到的补偿也会大大少于自己罢工期间损失掉的工资。而对公司而言，他们由于工人罢工也遭遇了重大的损失。对双方来说，他们都受到了损失。

在大多数状况下，双方会因为一次失败的谈判都遭受损失，然而，要是使用一定的谈判策略，就可以达到双赢的目的。

例如，在劳资之间的谈判中，工厂方面承诺工人改善工作环境、提高工资，而工人们则承诺做出更好、更优秀的产品，这样就为双方都带来了利益。

一位职员来到老板的办公室和老板说："在这种工作环境下工作，我要求涨工资。"老板很可能会觉得厌烦，然后拒绝这个要求。

但是，假如他和老板说："我希望可以改善工作环境，为的是有更高的工作效率。"老板很可能会给他涨工资。

谈判策略对谈判能否成功确实具有举足轻重的作用。在谈判过程中，应当使用下列谈判策略。

一、对事不对人

和你谈判的人，肯定不是你的敌人，要是是的话，你们已经不必再谈了。分开对方和你们所谈论的问题，要不然你会无法理智、客观地看待这个问题。无论事实如何，都要把你的对手想象成是一个理智、讲道理和有礼貌的人。你们不是在互相争夺利益，而是正在就共同的利益达成一致的意见；你们不是在争论，而是在商量。

别把注意力放在你个人的感觉和情绪上，而要放在事情上。不要自以为是地觉得事情怎么样，你要看到事实。一个人对某件事情的看法，往往会被那些主观性的东西影响。

你需要保持开放的头脑，而不要被成见和思维定势所束缚，因为你们正在处理分歧。这件事情本身要求用正确的方法去思考，而不是你之前如何判断或解决这件事，现在还是这么去做。

每一件事都有它的独特性——即使也与其它事有很多共同点，重点是，你不了解这件事的性质到底有什么特点。

所以，你要去思考解决的办法，最好实事求是地从讨论的事情本身开始。

二、对他说自己非常了解他

在谈判的过程中，很多人担心对方没有很好地了解自己的观点。假如你可以让对方明白你已经非常了解他的观点，甚至告诉他你了解他观点背后的一些想法，这样的话，效果肯定会非常好。

要做到这一点，首先要从对方的角度去思考问题。常用的一种思考方法是移情，它能够帮助你了解对方。

尝试想象一下，自己就是对方，想象自己处在他那样的环境下会有怎样的想法和感觉，想要获得什么，以及要想得到这些东西会想什么办法。不过，别以自己的负面情绪来随便对他人进行猜度。

对方的意见要积极倾听，这一点特别重要。他部分重要的思维是由他的语言表达出来的，你了解他思维的重要渠道是他所表达的信息。就算他没有表达出自己的真实想法，你也能够从言谈中找到一些蛛丝马迹。因此，了解对方最直接的手段，就是倾听对方的意见。

最后，你要用真诚的态度表明自己非常了解他，而且非常理解他，假如有必要的话，你应该适当地重复一下他的观点，或陈述他的需要。

三、坦然说出自己的需求

在谈判的过程中，一个争取别人信任和赞同的好办法，就是坦白自己的想法。每个人都希望别人表达出他的心里话，而且坦诚地与自己分享他的想法、需要和感受；人人都喜欢和真诚、坦率的人交往，并且，这也不是什么丢人的事情。

例如，在你面试的时候，你和主考官说："我没有太多经验，可是这对工作没有什么影响。我觉得对于一个人而言，能力和奉献精神是最重要的，但是我并不缺乏这两点。我需要一个机会证明自己。"

当你把自己的全部想法表达出来的时候，谈判也许会使你获得意想不到的良好结果。

四、说清楚对方会获得的利益

直接说清楚你们的共同利益和对方的利益，这一点非常重要。冲突和矛盾肯定意味着一些立场的对立，不过，共同利益的存在却是更多的，而这就是人们进行谈判的原因。

有时候，对方并不是因为某个要求很重要才去坚持的，而是因为这种坚持所代表的象征意义。所以，对方真正感兴趣和觉得重要的利益，对你来说很重要。在你知道了对方的需求后，最好再三强调一下可以满足他的那些需求。

五、运用迂回策略

假如你在谈判的时候遇到了巨大的挫折，不要难过、沮丧，你能够使用迂回的方法，从而达到你的目的。英国人哈利说："在战略上，达到目的的最佳途径就是迂回的包抄。"迂回的重要性被这句话很好地阐述了出来。有时候，直接的方法也许会让你失去方向，达到目的有时就要用间接的方法。

确实，假如你只是运用直接的方法来达到你的目的，有时候真的不太容易。当大路无法走到底的时候，何不试试走小路呢？

六、列出合适的选项

谈判到了将要进行决策的那一刻，这时候，应该列出选项了，这对谈判来说是最关键的时刻。此时，你已经非常了解谈判的方向，而且，通过仔细的思考已经得到了一些解决的办法。这些选项理应是符合双方共同利益的，假如它们只是从你的立场出发，这样的话，它们不会为你带来什么好处。

在列出选项的时候，不要带有那种蛋糕只有一种最好的分法的想法，而应该思考各种各样的方法，甚至于，你应该想办法让蛋糕变得更大，而不是限制蛋糕的大小。

而且，你也不应该觉得最大的那份蛋糕就只有自己才能得到，因为这样也许会让你失去更多。总的来说，你要考虑得更全面和长远一些。

2. 谈判前要做好细节的准备工作

谈判的结果直接影响到自己的目标，或者更加直接地说，影响到自己的利益，所以，谈判总是会让谈判者感到非常紧张，那些为自己的公司或者国家谈判的人也是这样的。

谈判的过程中总是充满了悬念，谈判是否成功，和谈判者如何表现有紧密的联系。而那些出色的谈判者有展现自己才能和智慧的机会，就是因为这种悬念。

谈判通常分为几个阶段：准备阶段、谈论阶段、建议阶段和决策阶段。

不用多说，我们都知道，这几个阶段都是非常重要的。不过，在正式谈判之前的准备阶段，不但是影响到后面几个阶段的重要阶段，而且是谈判者完全可以把握的阶段。

就算不能说谈判前的几天甚至几个月的准备工作能够决定谈判是否成功，不过，有一点是可以肯定的：通常来说，不经过准备就开始进行谈判，是不太可能获得有利于自己的谈判结果的。这一点，在下面有关谈判前的细节准备中，可以找到证明。

有两种方式去理解谈判前的准备。我更加倾向于这样一种理解，即准备阶段应该包括谈判前的所有时间。在这样一个准备阶段中，我们要从下面几个方面去考虑细节。

一、提高谈判者的能力

就像我在前面说过的，谈判者的能力和素质，在很大程度上决定了谈判是否成功。谈判对谈判者的表达能力、应变能力、判断能力以及学识水平，都有比较高的要求，它是一种说话的艺术和说服的艺术。

换句话说，谈判是一种尖锐性和即时性相结合的谈话，只有那些有很高素质和能力的谈判者才能较好地应对谈判。

谈判者的表达能力肯定是非常重要的。一般来说，谈判双方需要在相对较短的时间里取得共识。而且，假如参加谈判的人数太多的话，每个人说话的时间肯定不会太多，这就更要求谈判者在短时间内简洁、有力地表达出自己的观点。

为了实现谈判目的，谈判者所发表的所有言论都应该围绕着这个目的。此外，谈判要求言辞具有强大的感染力，因为需要鼓动对手和打动对方。这些都要求谈判者拥有非常高明的说话艺术。

判断能力对于谈判者来说非常重要。你需要具有较高的判断能力，结合你获得的关于对手的信息，判断出什么是有价值的和重要的，什么是没有价值的和次要的，并从这些信息中判断出对方的实力、要求和可能使用的谈判方法。

在谈判的过程中，你要通过对手的言谈、行为，对谈判局势进行综合判断，从而采用有目的性的应对方法。要依据自己的目标和对方的目标以及你们的共同利益，提供最合适的备选方案，达成最后的谈判协议。这些都由谈判者的判断力所决定。

谈判者的应变能力也很重要。应变能力是谈判者的另一种能力，它是建立在谈判者的判断能力基础之上的，它是谈判者根据自己的判断得出来的应变办法。

谈判者需要在谈判的不同阶段采取不一样的应变措施，让谈判向有利于自己的方向发展。面对对方不同的反应，适当改变应变措施，甚至是适当改变自己的谈判原则。这些都要求谈判者拥有很强的应变能力。

除了上面的这些能力外，谈判者的学识、经验也都非常重要。一些谈判者认为，要想取得谈判的成功，只需要在谈判前的几天甚至是几个小时之内准备一下就行了。这种想法令人遗憾，真是太单纯了。

从一些角度而言，就算是在谈判前没有怎么准备，那些整体能力较强的谈判者也能自如地与对方谈判，因为这些能力更加基础，也更加重要。

所以，谈判者需要努力提高自己的各种能力。这对你而言可能不是一个好建议，现在做准备已经太晚了，因为谈判立刻就要开始了。这样，你只能在已有能力的基础上，尽量出色地发挥，可是，我无法确保你会成功。

二、尽量了解对方更多的情况

在谈判之前，有一点也非常重要，就是通过详细的调查尽量去多了解对手。不但了解自己，还了解他人，这样就会让你走向成功。

做好充分的思想准备，提前研究对策，从而让你在即将进行的谈判中掌握主动权，这些都是在了解对方的情况后可以做到的。

假如是商业谈判的话，对方公司的业绩、经营状况、资金流向等，还有对方谈判者的一些相关信息，比如，对方的相关经历、性格特征等，都是你需要了解的信息。对方可能采取的对策以及可能设置的底线，同样可以通过你了解的信息判断出来。当然，在接下来的谈判中，你可以修正或是补充这些东西。

一些谈判者觉得不必这么麻烦。他们认为，可以通过试探对方，来弥补对对方不太了解的不足。这样做的缺点非常明显，不但时间不足、机会不足，而且你的试探也许会带给你不利的影响，这才是更加重要的。

假如你可以在谈判开始之前就了解对方，肯定是更加合适的。当然，你也确实需要在谈判的过程中去更深入地了解对方。

三、确定自己的目标

事实上，你在谈判中要做的就是两件事：确定自己的目标和达到自己已经确定的目标。确定目标是一件非常复杂的事情，太多的东西需要你去考虑，而且，目标是经常变化的。

设定你的底线，无疑是最好的办法。你的底线和对方的底线之间会达成实际的结果，所以，你要在这两个底线之间确定目标。剩下的事情就是不停地让你的目标往对方的底线那里移动。

你必须要分解你的目标，才能更加有效地在谈判中达到你的目标。在大多数的谈判中，整体目标是通过一个个分解的目标来实现的，而不是一次就可以实现的，这些分解的目标更加具有操作性。

四、端正谈判心态

不要有不利于谈判的态度和心态，无论对方是多大的公司还是有着很高地位的人，抑或是与他们的合作对你而言有多重要——因为你们有着共同的利益，而且你可以带给他一定的好处，对方才会坐在谈判桌前与你谈判。

这实际上就说明了，你们有着平等的地位，你们正在讨论解决问题的办法。所以，你完全不必心惊胆战，给对方你在求他的感觉。

假如情况刚好相反，你觉得自己的地位比对方的高，或者公司的规模比对方的大，他们是在求你，这也不利于你。对方也许会由于你傲慢的态度而不愿意和你友好地商谈，如果是这样的话，你也会受到一定的损失。上面的道理也适用于此。

谈判者应该具有不卑不亢、进退得宜的心态。这样的心态可以让你最大限度地促使谈判的成功，达到自己的目标。

3. 谈判时要注意措辞

我们想象中谈判的场景一般都是这样的：双方生怕错过对方的任何一个细节，都非常严肃地注视着对方；接着，他们因为一些问题大声争论起来，几乎到了要动手动脚的地步；最终，其中的一方像胜利者一样扬扬得意地走向门外，而另外一方则像泄了气的皮球那样无精打采。

如今，我们已经了解，我们都希望谈判可以达到一种双赢的结果，并不一定要这样不可。就算我们希望自己可以获得最大的利益，也必须要经过对方的同意，因而，都会在获得的过程中采用温文尔雅的方式。

根据这一点，和从前不一样的是，一种融洽友好的气氛出现在现在大多数的谈判中，最终也达成了双方都满意的结果。事实上，双赢要靠融洽、友好的气氛去帮助实现。

一种大度、礼貌的形象是那些谈判高手都会展现出来的，这么做就为了营造一种融洽、友好的气氛，就算他们和谈判对手在利益和立场上的对立已经非常严重。实际上，他们的努力得到了应有的回报。

因为就像我们所说的，得体的礼仪确实可以让谈话双方心情变得更好，更加愿意满足别人的一些要求，更容易接受别人的意见和建议。我们应该借鉴谈判高手的这些方法。

在谈判的过程中，一些礼貌用语被适当地加以运用，就像汽车润滑剂的作用一样。

假如因为某个问题，你和你的谈判对手发生了矛盾，不能产生共识，你大可以这样说："对不起，也许是我错了。我们再来分析一下。"对方肯定会拿掉由于反对你而建立起来的心理屏障，接着和你一起分析，这就是礼貌的作用。

众多谈判者虽然想表现得有礼貌，但是也不想丧失自己的原则，这是让他们感到为难的地方。这两者表面上看起来好像是矛盾的，然而事实上却并不是这样的。

充分地利用自己的语言技巧，这是一个谈判者既有礼貌又不丧失原则的方法，就如同一个说话高手一样，礼貌绝对不是目的，只是表达自己看法的手段而已。

借助高超的技巧，委婉、迂回、含蓄地表达自己意见的，往往都是有经验的谈判者。要是对方有可能会被他们的意见伤害时，他们并不是不表达出来，而是会选择让对方能够接受的另外一种方式，同时一点儿也不会让自己想要表达的意思受到影响。

在这儿，我重点介绍一下在谈判中常用到的三种态度。

一、谦虚

谦虚可以促进谈判的成功。有的谈判者在没有搞明白或听清楚对方所说的内容、专业术语时，认为要是说出来会让自己的形象受到影响，所以能不说就尽量不说。

实际上，偶尔表示一下有不知道的地方，可以让对方对你有好感，也更加容易让对方帮助你。那些傲慢无礼，吹嘘自己什么都知道、什么都会做的人，非常容易导致对方的反感，从而会使对方产生挑战的欲望。

所以，适时地说"我不太明白""这个词的意思是什么"这样的言语，可以促进谈判时友好氛围的形成。

二、赞扬

适当地去赞赏对方，对谈判的成功很有益处。人们都希望别人尊重自己和赞扬自己。当他做出了一个决定或是说了一句精彩的话时，你应该赞扬他做得非常出色，这样你会赢得他人的好感，让谈判更加有利于你。

三、感谢

你应该对他表示感谢。当对方赞扬你或是表示同意你的某个意见的时候，运用得最广泛的一个词语就是"谢谢"，它在谈判的时候依然有效。因为这可以体现自己的价值，任何人都希望别人重视自己，希望自己能够对他人有所帮助。

相同地，在创造融洽、平和的氛围的时候，最好不要去犯那些不该犯的错误，也就是谈判时的一些禁忌。气氛会被这些禁忌搞得不和谐甚至是让双方对立。以下，就是一些不利于谈判的禁忌：

一、弄虚作假

假如想象谈判是一场必须分出胜负的斗争的话，那么，将无法避免地出现弄虚作假这种现象。而问题是，谈判是可以双赢的，并不是像你所想的那样。这种办法会夸大缺点，掩饰缺点，撇开事实地胡乱编造，万一对方发现了，他就不会再信任你了。

二、卑躬屈膝

有的谈判者在谈判时尝试用一种请求的态度以达到自己的目的。他们希望得到对方的同情，于是扮演起了可怜的弱者的角色。可惜的是，对方不会让他们心想事成。最终，他们一般会发现，不用说那些无谓的奢望了，就连那些自己原本应该得到的也都没有得到。他们摆低自己的位置，对方就会把他们看得更低。

三、傲慢自大

与上一种相反的是，很多谈判者在谈判中表现得盛气凌人，因为他们觉得自己在身份、地位和实力上都高人一等。他们觉得对方是在恳求他们给予好处。但这么做的后果通常是，谈判不能达成共识。对方确实会因此遭受一些损失，可是，自己遭受的损失一般会更大。

四、太过于以自我为中心

不考虑其他人的感受和需要，完全以自我为中心，这是谈判最忌讳的。

"我想……""我觉得……""我需要……"这些句子是这些谈判者在整个谈判过程中一直在说的。他们希望对方满足自己的需求是对的，可是忽略了对方的需求和想法却是不对的。要记住，这不是某一方的演讲，而是一场会让双方的需求得到满足的谈判。

五、过于强势

很多谈判者喜欢在各种方面战胜对方。对方如果提出某个观点或建议，他们立刻就气势汹汹地发表一通演讲，好像是想让对方马上闭嘴。当然，他们的本意并不是这样的，他们只是迫不及待地想表达自己的看法，使自己的意见被对方接受。然而，这样的做法是愚昧的。就像我们之前说过的那样，这样的批评或建议没有人喜欢接受。

六、模棱两可的信息

有些谈判者得到的消息往往是不确定的，甚至是自相矛盾的，因为他接受的东西太多或者由于信息传播途径的问题。但是，他自己观点的论据就是用这种不确定的信息。他不明白的是，当别人去怀疑他的论据的时候，必然也会去怀疑他的观点，这样就失去了说服力。我们千万不能信赖这种模棱两可的、不确定的信息。

4. 在必要时选择退让

电器设备供应商泰茨公司生产的电机产品型号齐全、服务完善，在国际上都处于先进水平。在公司准备打入波士顿市场时，另外一家电机生产公司——肯德公司已经占领了那里的市场。泰茨公司没有能够占领一席之地，虽然他们一直非常努力。

后来，他们听说肯德公司正准备引进电机设备，然后就派了业务员与对方进行谈判。泰茨公司在价格上做出了很大的让步，是因为要打破肯德公司的垄断地位，最后与对方达成了协议。这种让步虽然让他们打进了波士顿市场，可是，在其他地方的价格，要比在波士顿的产品价格高出了很多，而且也非常不容易提价。

谈判者从这个案子中得到了一个教训，那就是在谈判中不要让步，要不然会非常不利于自己。他们觉得，泰茨公司完全能够依赖自己完善的服务和性能先进的产品与肯德公司竞争，最终也肯定会获得胜利。

确实，泰茨公司在谈判中在价格方面进行了大幅度让步，这让他们在今后的经营中要面对不利的局面。然而，他们的错误在于，他们在价格方面做出了让步，而不在于在谈判中做出了让步。所以，让步在谈判中所起的作用不能因为这个案例就被否认。

我们大可以设想一下，假如泰茨公司死守不放，丝毫不让步，他们必定不能打进波士顿市场。

事实上，在谈判的过程中，谈判的双方肯定都会有或多或少的让步，要不然就不能达成共识。既然是谈判，那么就肯定有着能够沟通的空间。就像我们之前说的那样，谈判者仅仅是在尽可能争取让达成的协议向着对方的底线移动，而并不是丝毫没有变化地交谈——可以这样说，谈判会变得有意义，正是由于让步。

特别需要强调的是，谈判者的让步并不是毫无意义、毫无目的、毫无原则的妥协退让。有些谈判者在谈判过程中不准备做出让步；与之完全相反的是，有些谈判者进行了毫无原则的妥协退让，只是为了达到某个目标。

两种做法引发了不同的结果，可是对谈判者来说都是不利的。第一种做法让谈判者失去了与对方达成一致的机会；第二种做法对自己这一方来说是不利的，虽然和对方达成协议的可能性要更大。

在谈判的过程中，有时候需要坚持自己的观点，有时候需要做出一些让步。把握好这个度是非常困难的。所以，我们在谈判中一定要讲究一些策略，也就是说，在必要的时刻让步。

谈判者在谈判中让步，通常都是期待对方也做出同样的让步。这么做的作用有两个：一是为了满足对方的需要，然后希望对方也满足自己的需要；二是表示自己希望达成协议，表达自己的诚意。

在谈判的过程中，应该把让步当作是为了达到自己的最终目标而做出的一些必要的牺牲，当作是谈判整体策略的一部分。所以，必须有步骤、有计划地进行让步。

在谈判开始之前的准备工作中，谈判者不应该没有丝毫头绪，而是必须对自己能够做出的让步和对方能够做出的让步有清晰的认识。就像我之前说过的那样，让步的最终参考对象是对方的底线和自己的底线，因此要考虑好这两条底线。

关于让步的两个基本因素是，是否让步和如何让步。接下来，我简单地介绍一下在让步的过程中需要掌握的原则。

一、尽量不要先让步

在谈判的开始阶段，不要为了着急达成协议而匆忙让步。在多数情形下，首先让步的人好像是在说，他更加希望达成协议，这个谈判对他而言更加重要，所以，他会处于被动的局面。在这样的情形之下，对方在谈判的心理上会占据优势，肯定也会提出更进一步的要求。

所以，尽可能不要自己先让步。你必须对自己的产品或服务保持信心，让对方觉得自己很有实力。诚然，在合适的时候，你的谈判诚意应该通过让步表达出来。然而，你必须使对方明白，这个让步是自己不得已才做出的，积极的让步就是这种让步。

二、只有在次要问题上才让步

我们之所以会在一些次要的问题上进行让步，是因为让步是和原则问题没有关系的，它是为了达到自己的整体目标的，是谈判整体策略的一个部分。这种让步只会赢得最后的胜利，不会让你做出太大的牺牲。

和它相对的是，不要做出原则性的让步。这样的让步会让你最终不能达成有利于自己的协议，会让你失去你的目标。这就如同你和对方谈了一个小时，结果达成了一个对自己完全没有好处的协议。所以，最好不要做这种无原则的让步。

三、在损失最小的情况下让步

假如那些在次要问题上的让步会让你遭受很大的损失，那你也千万不要让步。在特殊的情况下，次要问题的让步也许会比原则问题的让步更能引发严重的后果。在很多情况下，次要问题也许会带给你不堪承受的损失，因此不能简单地用主要还是次要的标准进行分析。

四、一点一点地让步

假如你让步太大的话，对方也许会错误地评估你的底线，使你们难以达成协议。例如你是卖方的话，你要是降价幅度特别大，这肯定会让对方觉得你的产品不如想象中那样好；假如你每次都只做出很小的让步，对方会觉得他几乎已经达到了你的底线。如此一来，你们达成协议的机会可能更大一些。

五、评估自己让步的价值

当你每一次做出让步的时候，你要判断自己的让步在对方心目中的价值。在这之前，你已经了解到了对方的策略和底线，掌握了对方的一些信息等重要问题，所以说，你能够精准地预测到自己的让步会有什么样的影响。有时候，对方很在意的让步对你来说是微不足道的，你理所应当选择这种让步。而一些让步在对方看起来并不重要，你也就没有让步的必要。

六、拒绝对方让步的请求

在对方提出让步要求的时候，你应该仔细地考虑这些要求，谨慎地做出最后的决定。有时候，对方所提的要求与你的原则相冲突，这时，你应该拒绝对方的要求。

因为对方也有同样的需求，要不然你们就不会坐在一起进行谈判了，所以，不要因为你需要达成协议就轻易地答应对方的要求。

5. 把控谈判中的陈述技巧

谈判中的重要技巧之一就是陈述技巧。陈述是让对方了解自己的方案、想法和需要的重要手段，是谈判者向对方介绍自己的情况，阐明自己的某一个观点或看法的基本途径。

谈判者的陈述技巧非常重要。对于这一点，我只会在下面直接介绍一些技巧，不准备进行详细的论证。

谈判中的陈述与一般的陈述话语有许多相同的地方，但也有一些比较特殊的地方。谈判中陈述的特殊性在于，谈判要求能够更加迅速而精准地阐述一个问题，而且有很强的针对性，它要求谈判双方能够直接把某个问题解决掉。

大家应该都知道，谈判者需要具有更高的陈述技巧，因为谈判也许是人们在更加迫切地需要解决问题的时候采取的一个方法。它要求谈判者不但可以清楚准确、简洁明了地把自己的想法表达出来，还可以引起对方的兴趣、满足对方的要求，并且拥有很强的说服力。

一个没有出色陈述技巧的谈判者是不可能会在谈判中取得成功的。通常来说，谈判会有两个结局：一个是谈判达成了协议，但是对你不利；另一个是谈判没有成功。产生这两个结局的主要原因在于，你几乎无法把自己的想法清晰地表达出来，更不用提说服他人满足自己的需求了。

一、谈判中陈述的语言关键点

1.态度坦诚

很多谈判者在谈判的时候吞吞吐吐，好像在隐藏自己的动机和想法，这样肯定会让对方觉得不真诚，如此一来谈话气氛的和谐就会受到影响。在谈判中，谈判者应该明白地表达出自己的想法和需求。只有你这样做了，对方才会了解你的想法，或者满足你的需求。

此外，可以告诉对方他们想了解的情况，如此你就能取得对方的信任，进而对对方的想法进行了解，并且最后能够达成共识。当然，在有些时候，绝对的坦诚也许会被对方利用，你只需要在一定程度上坦诚即可。

2.语言简洁明了

应当尽可能让自己的话简洁明了。谈判需要你马上找到一个明确的解决方案，它的目的性和急促性不允许你发表长篇大论。不要运用太多的论据去证明你的看法，这样的话对方不能够抓住重点，而且会觉得你讲了太多没用的话。

实际案例证明，大部分谈判者会非常反感那些夸张的、有着很多浮华辞藻的字句，而且，不耐烦的情绪会出现在谈判的过程中。直接把你要表达的观点说出来，然后加上必要的说明和解释，这些就足够了。

3.适当的语速和语调

许多谈判者着急把自己的观点表达出来，希望尽快说服对方同意自己的看法，以迅速地达成协议，所以，总是非常急促地讲话。

这么做的结果就是，对方并不知道他说了什么，而且会非常不耐烦。此外，有的谈判者总是喜欢用气势压倒对方，好像是希望对方不要说话一样，并想用这种方法取得谈判的成功。这么做的结果是，对方绝对不会同意他的观点，或者选择保持沉默。这两种做法最终都会导致谈判破裂、不欢而散。

所以，最好使用平和的语调，不要尝试用咄咄逼人的气势去压倒对方，也不要用太快或者太慢的语速，只要对方可以听清楚就行。

4.正确运用专业术语

在谈判中，你可以使用一些专业术语，它们让你看起来更有实力。可是，有一些谈判者处理专业术语的方式让人失望。他们说出一个专业术语后，经常不加上任何解释，就直接使用。他们自以为是地觉得，自己所说的词对方应该明白。事实上，就算是在商业谈判中，那些谈判者更多的可能是业务人员，未必就一定是专业人员，更别提其他种类的谈判了。

只有恰当地处理那些专业术语，例如，问一下对方是不是明白自己所说的意思，或者直接进行一些简单的说明，这样才会有更好的效果。

二、谈判中的语言陈述技巧

1.巧妙运用缓冲语言

在谈判的过程中，谈判双方的需求自然会有矛盾，双方的观点不可避免会发生冲突。你需要使用一些缓冲的语言技巧，目的是使对方更容易接受自己的想法和观点，或者改变对方的某些看法。

这种语言技巧包括"你的观点有一定的道理，不过我有其他的一些想法，不知道对不对"。这么说你既没有拔高自己的意思，也没有直接指出对方的观点错在哪里，而是以一种讨论的口气把自己的看法表达了出来。对方不会反感你，也不会抗拒你的观点，因为对方的观点得到了一定程度的肯定，所以你的观点也更加容易被接受，对方可能还会心平气和地和你一起讨论。

2.巧妙运用解围语言

谈判似乎马上就要破裂了，这种情况是所有谈判者都不愿意看到的。难以调和的矛盾和冲突在谈判双方之间出现了，气氛也越来越紧张。双方似乎处于完全对立的两面，所以都陷入了尴尬的境况。这时候，处理这种局面的办法就是运用解围语言。例如"我认为我们这么做，也许对任何一方都没好处"。

说明谈判正朝着危险的方向发展。这样的情况对方也一定不愿意看到，而你也显示出了希望谈判能获得成功的诚意，所以这通常会让气氛变得好起来，双方达成协议的可能性也更大。

3.巧妙运用弹性语言

我们在之前已经提到过，针对不同的人，我们应该说不同的话。这就是说，我们要运用一些说话技巧，而不是说要改变自己说话的内容，这也适用于谈判中。假如，对方彬彬有礼、举止优雅，谈判者也要尽量让自己文雅一点；假如对方朴实无华、语言直率，那么，谈判者也无须使用那些高雅的词语。

这么做有利于沟通思想、交流感情，能够迅速而有效地把谈判双方之间的距离缩短。

4.巧妙运用肯定语言

就算对方说了一些愚蠢的话，你也不必直接指明。你应当尽可能看到对方对的地方，然后恳切地指出来。你是不能让一个受到指责的人同意你的观点的。

更重要的是，一定不要在谈判结束的时候说一些否定的话语，这么做会让谈判以一种不愉快的方式结束，也会大大地影响以后的交流。你应当和对方说，和他谈话是件让你很愉快的事情，这次谈判让你收获颇多。

6. 在谈判时适当提问

在一次谈判过程中，买方和卖方展开了如下的对话：

卖方："你似乎对我们公司的洗衣机有些不满意，请问方便告知一下原因吗？"

买方："你们的洗衣机看上去好像不太结实，我不太喜欢这种外形。"

卖方："确实是这样的。假如我们在生产下一批洗衣机时，使它的造型得到改观，让它可以防腐，你会不会满意呢？"

买方："这样非常好。但是如果这样的话，肯定会大大延迟交货时间的。"

卖方："那这样的话，假如我们按照你要求的时间交货，尽可能缩短交货时间，你可以立刻签字吗？"

买方："绝对可以。"

我们可以看到，在这次成功的谈判中，因为卖方的适当提问，最后谈判双方达成了一致。这就说明在谈判中提问确实非常重要。应该说，在严肃而紧张的整个谈判过程中，提问一直以来都发挥着重要的作用。

那些谈判高手在运用提问这个方式时有着非常娴熟的技巧，就像我上面举的例子中的卖方一样。正是由于这样的提问，谈判的方向始终被他们有力地控制着，谈判的主导权被他们牢牢地掌握着，这样就让谈判达成了对他们有利的协议。

那么，在谈判中提问到底有什么作用呢？具体来说，有如下一些作用。

一、投石问路

为了获得更加具体、可靠的信息，很多谈判高手在已经做了充足的准备、非常了解对方的前提下，都会在谈判开始时使用提问这个方式。该采取什么策略谈判，对方也许会有什么想法，谈判者都可以在开场的提问中得到一些信息，接着再运用这些信息去改变自己的谈话策略。

二、获取信息

谈判者获取对方信息最直接、最有效的手段就是提问。通过提问，可以了解对方的真实情况是什么、想法是什么、需求是什么。尽管你也能够通过别的方式去获得这些信息，可是提问这种方式却是最直接和有效的。然而，对方提供的信息真实与否是我们需要注意的。

三、提醒对方注意

使用提问也可以吸引对方注意我们提供的信息。自己的观点和对方的意见之间的联系可以由提问来建立，进而让对方对你所表达的观点认真思考。例如："我觉得……你觉得是这样吗？"对方注意力很自然地就被这种方式吸引过来了。所以，就算你的本来意愿并不是想问对方的意见，而仅仅是把你的观点表达出来，也能使用提问。

四、传达善意

在对方谈了一个观点的时候，提问能够把你对这个观点表示关注的信息传递出来，而对方肯定会对你的提问给予非常热情的回答，如此一种和谐的谈判气氛就营造出来了。例如："你所说的东西我非常感兴趣，但是我有一个疑问……"这说明对方所说的东西你非常关心，而你也一定会得到对方同样的关心作为回报。

五、引起对方思考

提问绝对能够引起对方的思考。你不应该直接地和对方说："你好好想想我刚才说的吧！"因为这么说好像是在命令对方。你应该说："你对我的意见有什么看法吗？"对方自然更加容易接受你这么说。

六、谈判结束时做出结论

在谈判即将结束的时候，可以用提问的形式来做结论。例如："是不是到了该下结论的时候了？"这么问肯定要比说"让我们赶紧下结论吧"更容易让对方同意。如果说后面的这句话，"不用着急，有一些问题还没有解决"很可能是对方的回答。

以上谈到的是提问在谈判中的重要作用。正由于它的作用这么重要，因此，谈判者必须要学习提问技巧，这样才能取得谈判的成功。

总而言之，提问一般是让谈判朝着对你有利的方向发展。具体地说，在使用提问这一方法的时候，要对以下一些问题加以注意。

一、抓住合适的提问时机

提问非常重要，这也正好表明了不能随便运用提问这个方法。不要觉得任何时间都可以提问，在提问前，最好可以认真考虑一下提问也许会带来的影响，例如说会不会打断对方的思路，影响对方的情绪，等等。不要在别人谈得投机的时候打断别人的话，这样做会让别人觉得你没有礼貌，也会影响到谈判。

二、提出合适的问题

提出合适的问题就是说谈判者提的问题必须要有针对性。不要因为那些和谈判没有关系的疑惑去提问，提问应该引导谈判到某一个方向上去，而不要随便发问。在谈判中，假如你知道对方也许会怀疑某个问题，你应该用提问的方式去引导他说出自己的疑惑，接着寻找恰当的说辞进行有针对性的说服。

在提问之前，你最好可以思考一下自己的问题，尽量避开一些可能会有歧义、让对方不知道如何回答的问题。

三、用合适的方式提问

我们明白，提问的内容一样，获得的回答也许是不一样的，这是提问的方式不同造成的。提问的方式非常重要，所以，在提问的时候，应该注意用恰当的方式提问，用更加有技巧的方式说明你的问题。

一个信徒问牧师："我能在祈祷的时候抽烟吗？"牧师回答："肯定不可以！"另一个信徒对同一个牧师问道："我能在抽烟的时候祈祷吗？"牧师回答："完全可以！"

两个同样的问题，却获得了完全不一样的回答，这就是由于提问的方式发生了变化。

7. 掌握谈判中的回应技巧

有问题肯定就有回答。假如说提问已经是整个谈判过程中的重要组成部分的话，那么同样的，和它相匹配的回答也有着相同的地位。因为谈判在某种程度上有着强烈的针对性，所以，回答在谈判中就显得更加重要。

在谈判的时候，应该怎么回答问题呢？我在这里告诉你们一些回应技巧，并且希望大家今后可以从容地回答所有的问题。

一.留下充足的思考时间

在回答对方的问题之前，你应该为自己准备充足的时间去思考对方的问题。然而，通常来说，在谈判的时候，对方不可能给你充足的时间让你去慢慢去思考。因为他明白，给你的时间越久，你就越会给出对你自己有利的回答。

在这样的情况下，就算是他催促你马上回答，你也要礼貌地对他说，你必须要认真考虑一下这个问题，而且需要一点时间。

二、将问题进行分类

你首先应该思考的就是给对方提出的问题进行分类。这么说吧，这个问题是友好的还是不容易回答的，甚至是充满敌意的。这三种问题应该有不一样的回答方法。

第一类问题，比如说你的一些基本信息等，因为对方不带有任何敌意，而且告诉对方并不会对你带来什么影响，假如你依然支支吾吾的话，就会让人觉得你不够真诚了。

第二类问题尽管没有敌意，可是你却不愿意回答或是不方便回答，对方也许是不经意之间问的，也许是有意这么问的。总的来说，回答这种问题需要掌握好分寸，看看谈判会不会因此受到影响。我在之后谈论的方法差不多都属于这一类。

第三类问题是发生在对方可能对你的举止有所不满、对你有敌意或在你们的矛盾非常严重的时候。回答这类问题时不应该采取针锋相对的态度，应该有礼有节，并且掌握好回答的分寸。

三、转移话题

在有的谈判中，对方也许会直接问你底线问题。你要是回答了这个问题，那么，你显然会处于被动的状况。你肯定不愿意直接告诉他关于底线的问题，因为在通常的情况下，一旦你告诉了对方你的底线，就等于失去了继续谈判的意义，不论哪个谈判者都不希望谈判结果就是底线。

你必须想办法转移这样的问题。例如，对方问你产品的价格最低多少，你可以告诉他，你提供的价格肯定不会太高，在你告诉他以前，你先对你们产品一些优越的性能进行一下介绍。如此一来，你就转移了话题，这样也就让自己掌握了主动权。

四、模糊回答

你可以使用模糊语言，来回答那些不得不回答却无法立刻做出回答的问题。那种给对方不确定答案的语言就是模糊回答。

例如，对方向你询问最低价格多少的时候，你可以说："不会比你能承受的价格要高。"这种模糊语言看起来非常巧妙，既回答了问题，又没有让你深陷被动之中。

模糊语言可以给自己保留足够的余地。例如在应聘的时候，你被面试人员问道："你期望的薪水是多少？"你无法给对方一个准确的答案，但是可以说："2500至3500美元之间。"这样，显然能够达到对方能够给你的工资。

五、延迟回答时间

在对方要求你马上回答一个你不愿意回答的问题的时候，你可以延迟回答的时间。

例如，你应该这样和对方说："我觉得，现在谈论这个问题还有点儿早吧！"或是"我目前还没有第一手的资料，我想等我翻阅完第一手资料的时候，再给你一个详细而明确的答复，这样也许会更好一些。"你将不会再遇见同样的问题，因为这些理由都具有不可辩驳的说服力。

然而，延迟时间只是短暂的。你最好还是找一个更好的办法来解决这个问题，因为假如你这次延迟了回答对方问题的时间，那下一次你就不能再借故拖延了。

六、恰当地处理对方的错误

在谈判的过程中，对方可能因为沟通上的问题并没有彻底理解你说的话，所以产生了误会，在谈判中常常会出现这样的情况。

有的谈判者在对方误会了自己的情况下选择了观望的态度。假如这种误会对自己有利的话，他们就会装作没有看见，让错误继续下去；假如不利于自己的话，则立刻指出对方的错误。他们害怕自己会遭受损失，从而忽略了谈判其实是以坦诚为基础的，这是一种只顾眼前而不管长远的做法。

在这样的情况下，无论对方的误会有利于自己还是不利于自己，正确的做法应该是婉转地向对方提出来。那些东西也许并不是你应该得到的，所以你用不着担心你会因此而遭受损失。假如你隐瞒了真实的情况，一旦被对方发现了，你将会失去更多。

8. 谈判中的拒绝技巧

为了满足双方的需求而彼此参与的过程就是谈判。每个人因为自己的需求不一样而展现出不同的行为和表现。尽管我们希望谈判双方可以默契地配合，顺利地完成谈判，不过，在大部分时间里，依然会不断地发生利益冲突所导致的问题。因此，要营造一个平和、融洽的谈判氛围，为了让谈判获得成功，我们必须进行有策略的拒绝，而不是直接拒绝或是否定对方。

在以下这个非常经典的案例中，谈判的一方采用了一种非常高明的拒绝技巧，让本来有利于对方的局面变成了有利于自己的。

海锐公司是美国有名的电器生产商，他们希望可以把电器设备卖给另外一家不太有名的公司，于是，就和那家公司进行了商业谈判。海锐公司的谈判代表准备得非常充分，而且看起来都非常善于谈判，而那家公司的三个采购代表看起来就和他们的公司一样不起眼。

海锐公司的谈判代表约翰和他的同伴们在一开始的时候拿出准备好的一大堆图表、图像和数字，无可争议地说明了他们公司的电器产品是最合适不过的，他们的表现是压倒性的。

两个小时之后，他们介绍完自己的产品。然而，对方自始至终都静静地坐在沙发上，没有一句反驳的话语，只是默默地听着。

约翰讲完之后，吐出一口气，充满轻蔑地对反应迟钝的对方说："你们认为如何？"

其中一个采购代表非常有礼貌地说道："确实，你讲得非常精彩，可是我们没能够理解。"

约翰惊讶地问道："你们不理解？我们说了这么长时间，你们竟然说不理解？那你们说说，你们有哪些不理解的？"

采购代表回答："所有的东西。"

一向锐不可当的约翰觉得无法想象，因为他们的介绍非常详细，并且非常有说服力，可是他只能问："你们从哪里开始不理解的？"

"一开始，"采购代表说，"我们从一开始就不理解。"

约翰感到无能为力。然后他接着问："那你们认为我们应当如何做呢？"

"你最好再讲一遍吧！"

约翰刚才的那股信心和气势一下子都荡然无存了，如同泄了气的皮球一样。对方的沉默就是对所有意见的否定，虽然他们并没有针对任何一点提出反对。然而，约翰和他的同事们肯定不会再花两个小时来介绍他们的产品了。

采购代表们为自己赢得了谈判的主动权，他们运用了这一点巧妙地拒绝了对方。果不其然，形势对海锐公司越来越不利，他们的出价也开始下跌。

拒绝技巧的神奇作用就在这里。在谈判中懂得如何拒绝、何时拒绝，你会获得很好的结果。有的谈判者就算不赞同对方的意见，也从来不表现出来，因为他们担心自己的拒绝会带来不利的影响。

此外，我们激励谈判者进行拒绝，并不是说他能够在任何时候拒绝对方。谈判者不要轻易地使用拒绝，除非是对对方感到不满，或者想与对方进行争论。你一定要在合适的时机进行拒绝。

例如，当对方确实特别想要买你的产品的时候，他却由于价格半天无法做出决定，你就应该说："先生，我不打算卖这个产品了。"通常情况下，对方都会抬高价钱去购买你的产品的。

到底应该怎样在谈判中进行拒绝？我认为可以借鉴以下这些拒绝方法。

一、引入客观条件的限制

在许多情况下，假如对方提出了一个你无法回答的问题，而且不管你如何解释，对方都纠缠不休的话，你最好说明自己也帮不上忙，由于客观条件的限制，你不能回答对方的问题。这么做可以让对方谅解你，也可以使对方不再纠缠。

客观条件主要有两个方面：一个是你自己的客观条件被限制，例如技术力量、权限和资金条件等；另一个是社会条件被限制，例如法律、形势和制度等。当然，这两者能够单独运用，也能够综合运用。

二、先肯定再否定

当对方提出了一个你无法同意的要求或看法时，你可以先把其中合理的部分找出来给予肯定，接着婉转地说明你无法确定其余的部分。"总而言之，你的看法有一些道理。"用这种话语回答对方，你的意见会更加容易被对方接受。

在谈判时，尽可能不要用否定性的词语。就算你想要表达出来，也要用一种更加有技巧的方法。对所有人都应该这样，特别是谈判的对方。他们是让你获得利益的人，只要受到了否定，他们就会产生不快和一种抗拒的心理。

三、以攻为守

为了不受到对方的牵制，当对方提出一个你无法接受的要求时，你可以化守为攻。你可以提到对方在之前拒绝你的那个要求，和对方说他的这个要求你可以同意，可是他也一定要满足你的那个要求，并说你的那个要求和对方的这个要求是一致的。这样一来，就算你同意了对方的要求，也不会有什么损失。

四、引导对方自我否定

你不要针锋相对，就算是对方提出了一些不合理的要求。有些时候，你可以从别的地方暗示对方，使他看到自己的观点有一定的局限性，然后主动地把自己不合理的要求撤销。要想让对方真心地接受，而不会产生不快，只有让对方自己否定自己的想法。

五、补偿安慰

假如你不想由于拒绝而让对方感到不快，可是又不能不拒绝，你一定要想方设法补偿和安慰对方。不管你的拒绝策略如何巧妙，最后还是无法遮掩拒绝了对方这个基本的事实，对方也许会由于被拒绝而产生消极的情绪。这种时刻，你一定要想办法进行安慰和补偿。

对你的拒绝表示遗憾，或者提出你能够满足对方一个对你来说微不足道的要求，这样对方的心情也许会好一些。把你的谈判诚意充分地表达出来，对你来说，这一点非常重要。

9. 谈判中的说服技巧

谈判在一定程度上是一种要求非常高的说服术。通常的说服术预先拟定了一个前提——要么你可以说服对方，要么无法说服对方，而对方通常不会反过来说服你。

然而，在谈判的时候，因为谈判双方地位相同，你要做到在对方说服你之前先把对方说服。

很多人以为，因为双方的利益冲突太激烈了，所以，在谈判中要说服对手太难了。我在这里举一个小例子，从而来回答这个问题。

我曾经和我的一个同事到曼哈顿出差。我们一起吃早餐，由于点完餐之后还有很多时间，于是同事就出去买报纸了。过了差不多十分钟，他回来了，但是没有拿着报纸，嘴里还在骂骂咧咧。

"出什么事情了？"我问他。

"天哪！"他对我说，"我去马路对面那个报亭买报纸，我拿着报纸，把10美元递给了卖报纸的人。他竟然没有拿我的钱，反而拿走了我手里的报纸。然后他还教训了我一番，说在上班高峰期给别人找零钱不是他的工作职责。"

"这确实让人生气。"

"这个不知廉耻的家伙！"那个同事继续说到，"敢不敢打赌，他这种傲慢无礼的人是不可能会给别人兑换10美元的。"

"尽管我不爱和别人打赌，"我说，"可是我想接受一下这个挑战。过一会儿我就去问问那个老板。"

然后，在吃过早餐后我就去了同事说的那个报亭，而他待在饭店门口观望。当那个报亭的老板看到我的时候，我以一种胆怯的、外地人的口音对他说："先生，打扰一下。我想知道你方便不方便帮我一个忙？"

那个老板开口问道："怎么了？"

"我是刚从外地来的，"我说，"我想要一份《纽约时报》，可是我这里只有一张10美元的纸票。我要怎么办呢？"

我的话还没说完，他就把一张报纸递给我，说："拿去看吧，这没什么的。"

目睹了这一幕后，我的同事把这件事称为"54街上的奇迹"。

许多谈判者觉得，在谈判中说服别人是一件非常困难的事情，就像我的同事一样。在他们的眼中，谈判对手都非常固执。我经常告诉我的卡耐基口才训练班的学员："这只是需要技巧而已，并不是很困难。"

确实如此。谈判双方肯定是有着共同的利益，才会一起坐在谈判桌前。双方都很明白，假如要对方满足自己的要求，那么，自己就必须满足对方的要求。你只是需要一定的技巧，就可以达到说服别人的目的。

那么，什么样的说服技巧是谈判者需要的呢？下面列出几种比较重要的方法。

一、满足对方的需求

在谈判之前，你已经对你的谈判对手有了一些了解；而在谈判过程中，你肯定也更进一步地了解了你的对手。在这个基础上，你先要明确他的需求，接着针对他的需求进行说服。

要想更加容易地让对方接受，你只有告诉对方自己的意见可以满足对方的需求。所有的人都只对自己有兴趣——在谈判中更是这样。他一切善意行为的目的也许都是为了他的需求可以得到满足，所以，这一点尤其重要。

二、分析对方的实力

假如对方的实力特别强大的话，他们也许会对那些微不足道的利益没有什么兴趣。大企业或是实力强大的人，通常对于品牌和荣誉更加看重，所以，应该尽可能地让对方在这些方面的要求得到满足，如此，也许会对你的说服有很大的好处；假如对方的实力比较弱，他一般更加关心价格、价值、服务，他更加需要现实的利益。

要想最大程度得到对方的认同，只有针对不同实力的谈判对手采取不同的策略。

三、赢得对方的信任

使对方同意你的观点的第一步，同时也是最重要的一步，就是信任，特别是对那些陌生的谈判者来说。你要是想更加容易地说服对方，就要尽量消除对方的不信任感，消除对方的担忧或恐惧。

四、发现共同利益

为了拉近彼此之间的距离，让对方不至于抗拒你的意见，你就要尽量找出你们的共同点，就算只是谈判者个人方面的。你可以从你和对方的职业、爱好以及很多观点中寻找一些共同之处，如此一来，彼此之间的心理距离就更容易拉近了。

此外，你们一直关注的应该是共同利益，所以，要不断在谈判的过程中强调这一点。

五、保持诚恳的态度

不要因为你的观点比较高明就蔑视对方甚至否定对方的意见，要使用礼貌而且谦虚的态度说服对方。你需要对对方保持尊重，而不仅仅是提出你的意见，然后你再去开始说服对方。

六、不要去责备对方

你要把你的态度放在心里，不要让它显露出来，不管对方提出了多么愚蠢的意见。你应该称赞对方提出的意见，并把其中一些值得肯定的地方找出来，接着再讲出自己的想法。

别去责备对方的错误，这样不会让他听从于你，只会使他坚持自己的意见。此外，最好不要在谈判中使用否定性的语言。

10. 打破僵局的语言技巧

在谈判中，有时，谈判气氛仿佛都凝固了，双方沉默不语，静静地注视着对方，似乎都在心怀鬼胎；有时，双方因为某个问题产生了争论，彼此面红耳赤，争吵得不可开交。

这些，似乎都是谈判双方必须经历而又不愿意看到的局面。但是，这样的局面往往没有任何预兆就发生了，双方因此都陷入了尴尬的境况。于是，双方在沉默中不欢而散也许就是最后的结局。

谈判中的僵局就是这样的。僵局是对谈判双方极大的伤害，它在某种程度上象征着谈判的破裂。那么，产生僵局的原因是什么呢？这是因为双方都不愿意在某个方面做出让步，这样也就无法达成意见一致。

这是通常的情况，但是，人们大多都不喜欢僵局，他们也许会在很多次要的问题上让步，而当谈到主要问题、原则性问题的时候，则运用僵局来实现他们的目的，所以有的谈判者喜欢利用僵局来促使谈判成功。

他们也许会和对方说："我们已经充分表达了我们的谈判诚意，已经做出了最大的让步。如今，我期望你们也可以做出一些让步，要不然的话，这样的结局我们只能表示遗憾。"假如遇到这样的情况，就更难打破谈判的僵局了。

然而，大部分谈判者为了谈判的成功，还是希望可以尽快打破僵局。那么，怎么样去打破僵局呢？

一、调整情绪

许多谈判者由于想要改变别人的看法、坚持自己的意见，从而变得特别激动。我们都明白，人们在激动的时候，通常会丧失理智。他可能在演讲之前就已经对于如何处理僵局有了想法，然而当僵局真的到来的时候，他们却把先前想好的做法忘记了。

此外，有的谈判者貌似已经做好了最坏的心理准备：对方既然坚持抵抗他们的要求，自己的目的恐怕已经无法达到了，获得谈判成功的希望也就没有了。这样，他们就把原来的礼貌和谦逊都放弃了，开始咄咄逼人，甚至是开始责备对方。

总而言之，无论是什么原因，他们都已经失去了谈判成功的信心。

因为之前我们已经预见可能会出现谈判僵局，这样的话当它真的出现的时候，就不应该让它去终结谈判。不管怎么样，你都必须尽自己最大的能力促使谈判获得成功。慢慢地平息自己激动的情绪，恢复对谈判成功的信心，然后采取积极的对策，这就是你应该做的。你应该积极地寻找解决方案，因为消极回避对谁都没有好处。

二、转换话题

在谈判时，如果无论你如何解释对方都不同意你的要求，你可以转换一下话题。转换话题是把你们发生争论的话题暂时搁置，到合适的时候再进行讨论，并不是说再也不提它了。

转换话题可以缓解紧张的气氛，它的作用特别明显。谈判双方平心静气地展开讨论，不再发生争论，只有这样才有利于谈判的成功。谈判的紧张气氛对谈判来说是致命的威胁，缓解这种气氛对你来说就是最重要的事情。

但是，转换话题并不是消极地回避，而是积极地争取机会，它并不是一件容易的事情。你的话题在合适的时机依然要返回到你们产生争论的地方上来。所以，在你们讨论其他的话题时，你要反思你们的僵局，并且找出出现的问题，接着采取有针对性的办法。

如果你要保证你随时都能够把话题转换回来，你就必须要让转换的话题和你的主题有关。如果你总是在谈那些漫无边际的话题，对方就会觉得你是在有意拖延时间，并且你也不能成功地转到原来的话题上。转换话题之后，要让话题自然地向着主题靠拢，然后对方就会在不经意之间接受你的意见。

三、更改主要的谈判者

谈判者也许会由于情绪问题使自己的判断受到影响，而且也许会在许多问题上形成偏见，谈判陷入僵局正是由于这些偏见。对对方来说，刺激他的主要原因也许正是现在的谈判者和他的各种各样的做法和想法。所以，要是可能的话，一个打破僵局的合适的办法就是更换主要的谈判者。

更换的人选不要选择那些对本次谈判完全不熟悉、没有什么谈判技巧的人，应该选择那些对本次谈判比较熟悉、拥有较强能力的谈判者。假如你们更换了谈判者，就表明你们已经做出了让步，而这样的谈判者是无法掌握谈判的方向的。

四、扩大双方的利益

假如可以的话，可以合适地扩大双方的利益，也就是说，自己在某个问题上，甚至是在原则问题上做出让步，而对方也可以在一些重要问题上做出让步，如此一来双方都可以获得更多的益处。然而，这肯定是在做出一定牺牲的基础上才建立起来的。

千万要记住的是，自己得到的益处必须要比做出的让步多，这样让步才有意义，要不然的话，你将会失去更多。

你的目的应该是达成对你有利的协议，而不只是达成协议。此外，别让对方做出太多让步，这样的话你不仅达不到目的，而且，也许会在另一个问题上出现僵局。

五、调整自己的策略

谈判策略不当是僵局出现的原因之一。有经验的谈判高手认为，只有不合适的策略，没有不合适的目标。他们这么说的含义是，不管你的目标有多高，只要你的策略合适，都是能够实现的。尽管这么说有些夸张，可是确实是说明了策略的重要性。

之前我已经提到了谈判中的策略问题，它们并不是互相通用的。事实上，也许只有一种合适的策略能运用在一次谈判、一个谈判对手上，所以，你要是发现这种策略不合适，不妨换一种更加适当的策略。

六、心理互换

使用一种换位思考的方法来处理谈判就是心理互换。大多数时间里，因为存在经验、学识、立场和价值观的不同，对同一个问题的看法不同的人会有非常大的差异，甚至是互相对立。

若是从对方的角度去看一些问题，你也许会更加容易接受这些差异。当然，你也能够要求对方以你的立场和角度去考虑问题，但是之前你要和对方说，你已经从对方的立场考虑过这个问题了。

接下来，可以采用一种折中的、合适的方法来解决让你们深陷僵局的问题。

第4章

推销的艺术

1. 推销商品的谈话艺术

一个推销员最大的烦恼就是不管他如何努力，对方都依然不为所动；而一个优秀的推销员却可以让推销变得非常容易，因为他掌握了推销时的谈话艺术。我认为，这样高超的谈话艺术是每一个推销员都渴望拥有的。

可惜的是，谁都不是轻易就能掌控这种谈话艺术的。在商业领域中，只有少数人可以成功，大部分推销员依然在辛苦地奋斗着，这是一个非常有说服力的事实。

下面，我会介绍在推销中能够用到的几种重要的谈话艺术。

一、迎合对方的兴趣

你的产品如何出色其实不是最重要的一点，重要的是对方认同你和你的产品。通常来说，这一点才是最重要的，那就是这种认同和他的兴趣是相符合的。

伊斯曼先生是柯达公司的总经理，他准备建造一座"吉尔本剧院"以纪念自己的母亲。亚当森是纽约优美座椅公司的经理，他想要获得剧院座椅的订单，因此，他就和剧场的建筑师约特一同去会见伊斯曼先生。

在去的路上，约特告诉亚当森："我明白你非常想获得这个订单，可是，伊斯曼先生特别忙，脾气也有些糟糕。这个谈话最好能控制在五分钟以内，要不然你肯定就无法得到这个订单了。你应该快速阐明情况，接着马上走人。"

伊斯曼先生的确非常忙，在他们进入他的办公室的时候，他正在低头专心整理文件。他摘下眼镜，点点头打招呼，然后问道："两位有什么事情吗？"

于是，亚当森被约特引荐给了伊斯曼先生。亚当森没有着急说出自己的意图，而是说："我从没想过你的办公室如此漂亮，伊斯曼先生。可以拥有这样一间办公室，是一件多么美好的事情啊！实话告诉你，我从来不曾看到这么一间漂亮的办公室。"

他来到办公桌的旁边，问道："如果我没有猜错的话，这个办公桌肯定是用英国橡木做的。"

"没错，"伊斯曼说道，"我的一位研究木材的朋友为我选的，是从英国进口的。"

　　然后，伊斯曼先生的许多收藏品也获得了亚当森的称赞，而且，亚当森由衷地赞美了伊斯曼的善举。接着，他又引导伊斯曼讲述了自己的早年创业史。

　　伊斯曼带着复杂的感情回忆了他之前贫穷的时期，那时他为了赚50美分而去做推销业务。他说，那时就是为了让和自己一起受苦的母亲过上好日子，他才拼命地赚钱。

　　时间慢慢地在流逝，两个小时转眼就过去了，然而伊斯曼先生却讲得正在兴头上。午餐的时间到了，亚当森被伊斯曼先生邀请一起吃饭，亚当森肯定不会拒绝的。

　　亚当森自始至终都没有说到订单的事情。他明白，现在这件事情对伊斯曼而言已经变得不值一提，因为他已经把亚当森看作是朋友了。后来亚当森准备和他告别的时候，伊斯曼主动说出要给亚当森的公司下订单。

　　看得出来，在说服伊斯曼这件事情上，亚当森看起来似乎并没有费多大的劲儿，然而，他最终达到了自己的目的，因为他是在用适当的话题让谈话在一种平和、愉快的气氛下向着有利于他的方向发展。

　　如果亚当森一直试图说服伊斯曼，而没有采用这种方法的话，很容易想到，要不了五分钟，他就被赶出伊斯曼的办公室了。

迎合对方的兴趣可以拉近你和客户之间的关系，建立互相的信任，所以这种方法确实非常重要。

大家都知道，在和陌生人的交往中，这一点非常重要。如同亚当森做的那样，之前看起来非常困难的事情，最终却变得相当简单。

二、请别人帮忙

不管一个人处在什么地位，有多么成功或失败，他都希望被别人重视。在推销产品时，请别人帮个忙，让别人感觉到自己被欣赏和受尊重，因此更加想购买你的产品。

爱莫塞尔主要推销铅管和暖气材料，他在这个行业已经有些年头了。这回，他在布洛克林地区进行推销的时候，碰到了一位难缠的顾客。这个铅管经销商一看到爱莫塞尔，就冲着他大吼大叫："快走吧！我不想买任何东西！"

爱莫塞尔是一位出色的推销员，这种困难并没有把他打倒，他仍旧持之以恒地对这个顾客进行推销。之后，他想到了一个好方法来解决这个问题。然后，他再次走进了那个经销商的办公室。

"我并非为了推销产品而来，"爱莫塞尔说道，"而是想请你帮个忙。我们公司打算在这边建立一家分公司，而你恰好比较熟悉这个地方。你觉得，我们公司该把分公司选在哪里比较好呢？"

这个之前冲他大吼大叫的经销商突然变得十分友好了，跟爱莫塞尔滔滔不绝地聊了起来。最后告别的时候，爱莫塞尔已经用这种方法和这个经销商建立起了友谊，而且获得了一个挺大的订单。

三、恰当地否定你的产品

许多推销员爱使用肯定性的语言，为的是尽快推销出去自己的产品。他们这样做就会在不经意间让别人感觉到，所有人都适合使用自己的产品，并且自己的产品一点儿缺点也没有。

实际上，根本不是这样的。就算你把自己的产品说得如何完美无瑕，都不可能将顾客的疑虑打消掉。你的产品确实非常完美吗？实际上，所有人都明白这是不可能的。关于这个产品的一些缺点他们也需要了解，要不然，他们就会觉得你在有意欺骗他们。

所以说，你应当适当地把你产品的不足之处为对方介绍一下，让对方做到心中有数。你要明白，推销产品并不需要说自己的产品适合每个人，而只需要说它适合这个客户就够了。

"这类产品不是很适合那些油性皮肤的人，不过却特别适合你。"如果你这样去推销你的美容产品，你所说的话当然会很容易让对方相信，而这也是一个树立你的产品口碑的很好的机会。

四、避免和对方争执

在推销的过程中，就算是对方做了一件什么事情或是讲了一句什么话让你觉得受到了冒犯，你也不要与他争执。这对推销员而言也许算是最好的一个建议了。因为如果你和他发生了争执，就表明你的推销已经完全失败了。

五、适当的语言技巧

事实上，并没有必要单独把适当的语言技巧列出来，因为在一切的交谈当中，都要注意运用语言技巧。之所以列出它，是因为我想要强调一下。

许多推销员失败的原因，是他们在推销的时候兴致不高。他们的话对顾客没有特别的吸引力，显得平淡无奇，甚至会引起顾客反感。究其原因，是他们在推销时声音的语速、语调和别的声音元素使用不到位。

他们在需要运用技巧表达自己的看法时，也无法让人感到满意。他们不喜欢运用语言技巧，而是喜欢直来直去。说实话，尽管这个职业要求他们能说会道，但是仅仅做到这点还远远不够。

所以，我想告诫那些不注重运用语言技巧的推销员们：你们一定要努力养成适当运用语言技巧的习惯，并且要不断丰富你们的语言技巧。适当的语言技巧，是推销成功的一大重要因素。

2. 推销中的应变技巧

那种随时都可以成功推销的推销员是我非常欣赏的，我常常对他们的能力感到吃惊——在推销的过程中，就算是遇见了问题，他们也能够随机应变地妥善处理。据我所知，一个推销员能否成功，取决于这种随机应变能力的高低。

某些时候，应变是一种智力因素。我们对此毫无办法，必须承认，有的推销员是天才。然而，对绝大多数的推销员而言，智力因素可能不是绝对重要的，而影响他们推销成功的因素主要是技巧不当。

在这里，我们讨论一下如何在推销中运用应变技巧。

一、察言观色

许多推销员在推销的时候，根本不顾及对方的感受，只是根据自己提前设想的推销办法照本宣科，就像在对着墙壁发表演讲一样。

在推销过程中，务必要时刻留意顾客的言行，而且要弄明白各种言行背后的含义。你要想采取必要的措施，必须首先了解这些言行背后的含义。

二、转变角色

把对方的重点转换到自己的身上，分散对方的注意力，让对方关注的焦点发生转变，就是这种转移法的作用。

约翰打算重新走进亨利的办公室，希望可以说服他购买自己公司的汽车。约翰在这之前已经试过一次了，可是没有成功。当他进入亨利办公室的时候，亨利朝他大吼大叫道："你怎么又来了啊？我已经告诉过你，我不会买你们公司的汽车。"

亨利的回答让约翰大吃一惊，约翰没有想过亨利会不留一点儿情面地拒绝自己，可是，他立刻就反应过来了，并且和亨利说道："我来这里不是为了向你推销汽车的。我碰巧听说，你在年轻的时候也一度当过推销员，而且获得了非常大的成功，因此，我希望向你请教推销的技巧。"

亨利觉得很惊讶，可是他看起来十分高兴，然后，他和约翰分享了他的一些看法和经验，一直到约翰起身告别的时候才结束。

最后，亨利告诉约翰说："你们公司的汽车质量确实非常好。你下次再来的时候，请给我带来一些汽车的资料吧，我想看一下。"

三、顺水推舟

在推销产品的时候，利用发生的偶然事件因势利导，会得到意料之外的效果。

一个推销员正在给顾客推销钢化酒杯。开始，他把产品的特点为大家介绍了一下，接着他决定进行一次演示：为了说明这种钢化酒杯和一般杯子不同，就算扔在水泥地板上也不会碎。

他很不走运地拿了一个质量不合格的酒杯，当他把它扔到地上的时候，酒杯马上就摔碎了。他之前从来没有碰到过这种情况，他绝对没有预料到会这样。那些顾客则开始互相低声议论，讨论起酒杯的质量。

"大家看，"很快地，这个聪明的推销员就镇定自若地说道，"这种酒杯我是不可能卖给大家的"。

然后，推销员又把五六个酒杯扔在了地上，结果一个都没有碎。这样，推销员又成功地得到了顾客的信任。

四、化不利为有利

在通常的情况下，话题都各有各的内涵，可是有时候却非常模糊。这种时刻，我们为了让自己的推销找到出路，可以利用话题的模糊性。有时候，顾客评价推销员的产品有一些缺点，而这些缺点会对他的选择造成影响，因此，推销员必须想方设法找到话题的模糊之处，重新定义这个缺点。

一个推销员在推销衣服的时候，顾客说道："质量确实不错，不过样式老了点儿。"

推销员接着说："确实是这样的，但是这种经典的样式很多顾客都喜欢，不知道你是不是也喜欢？"

如此一来，他巧妙地让不利因素成了有利因素。

五、转换话题

保持这样一种信念，不坚持到最后，就绝不会放弃，这会让你的推销事业变得成功。很多推销员推销失败，只是由于他们没有尽自己的最大努力而已，他们并不是没有成功的可能。

例如，不管顾客用任何理由拒绝买你的产品，你都能够巧妙地转换话题。你需要把控好话题，让它朝着有利于你的方向发展，而不要只朝一个方向前进，或者只停留在一条道路上，毕竟，所有的路都可以通往成功。

在转移话题时，需要注意使用一些技巧，当然不要让自己显得是有意为之，而应该看起来比较自然。

3. 说服客户的技巧

价格尤其让推销员头疼，公司希望用最高的价格把产品卖出去，而顾客想要以最低的价格买到最好的产品。

一般的推销员在顾客说"这太贵了"时，都会和对方说，这已经是公司可以给出的最低价格了，顾客总是摆摆手走掉了。然而，齐格勒却好像从来没有碰到过这种情况。

齐格勒之前推销过一种不锈钢锅。这种锅特别结实，顾客在听完他的介绍后，都觉得这种锅的质量确实很好，不过他们也觉得它的价格太高了。

"价格太高了，"顾客一般都会这么说，"和一般的锅比起来，它至少要贵200美元。"

"确实是这样的，"齐格勒说，"一般的锅都会比我们的锅便宜。

先生，你觉得这种锅可以用多长时间呢？"

"它的质量确实很好，它应该是可以永久使用的吧？"

"你真的是想用十年、二十年、三十年甚至更久吗？"

"我想它可以用那么长时间。"

"这样的话，"齐格勒说，"我们就假定这种锅可以用十年，也就是说，和一般的锅相比，它每年要贵20美元，没错吧？"

"没错。"

"如果是平均到每个月呢？"

"要是那样的话，那就是一个月贵1美元75美分。"

"请问你太太每天做多少顿饭呢？"

"通常情况下，两到三顿。"

"每个月大概要做60顿饭，对吧？如此一算就非常清楚了，你只不过是每顿饭多花了3美分而已。每顿饭多花3美分，对质量这么好的锅来说应该不算多吧？"

"确实是这样的。"

我们可以观察到，齐格勒的说服方法确实非常有效。他的产品价格本来就要比一般的锅高出不少，他却非常巧妙地把它说得一点儿都不贵。在这样的情况下，他很容易就把顾客打动了。

一、用事实说话

在进行价格说服的时候，要依据事实一点点得出让人信服的结论。推销员在进行说服的时候，也务必做到这一点，要根据产品本身和自己的逻辑来说明，让你的观点被顾客接受。

之前我们已经说过，对推销而言最重要的一点是和顾客建立一种信任关系。

不管在什么情况下，都不要试图用诡辩和猜测来说服顾客。许多推销员都喜欢把自己的产品吹得天花乱坠，和实际情况相差甚远，甚至有时候自己都不敢相信自己说的话，就更别提那些顾客了。

说服顾客的正确方法就是，不夸大其词，用事实说话，以理服人。

二、让对方的需求得到满足

那些有经验的推销员一再告诫推销新手，要看他的产品能不能满足顾客的需求，不要只是说他的产品有多好。正确的推销方法是，把你的产品的价格、质量、特色和顾客的需求结合在一起。

要想顾客听你讲下去，并且被你说服，你的产品必须要满足顾客的需求。

第一点，顾客的心理需求要被满足。在你进行推销的时候，你应该以顾客为中心，对顾客一直保持应有的尊重，不停地赞美他，在言行举止上对他以礼相待，仔细倾听他说的话，这些都是满足他心理需求的重要办法。

第二点，对顾客说你的产品可以满足他的某一种需求，而且适当地利用这种结合点，你就会很容易说服他。

三、用热情打动对方

应该使你的推销具有十足的人情味儿，因为推销是一种人与人之间的交流。商业格言说"顾客就是上帝"，在一定程度上就反映了推销员和顾客之间的自然联系。这种联系不仅仅是一种物质上的利益关系，还包含着某种情感关系。

推销员应该对推销工作充满热情，对自己的产品抱有信心，并在推销的时候展现出自己热情、自信的一面。你应该拿出一种富于感染力的语言来说服顾客。这种语言能够表达除语言之外的更多的内容，它本来就有一种说服作用。

四、让自己看上去非常专业

务必要让你的顾客看到，你对你的产品以及与产品有关的很多相关领域更有发言权，因此也就更加值得信赖。你是这一领域的专家，不管其他人的知识有多么丰富，也无法与你对这个领域的熟悉程度相比，你一定要给自己建立一种权威的形象。

如果你对自己的产品都不熟悉的话，顾客就很难相信你介绍的东西是有用的。如果他们失去这种信任的话，那么你再说什么都没有用了。

五、解除对方的疑虑

顾客不买你产品，大多是由于心存疑虑。所以，你要了解对方的恐惧或者疑虑，进行有针对性的说服。

可以通过问话或者观察获得的信息来了解他人的疑虑。假如对方没有说出来，你可以想象一下他也许存在的疑虑，并用确凿的证据把对方的疑虑和担心消除掉。

4. 能够引起顾客兴趣的提问方式

在研究推销技巧的过程中，我察觉到，那些成功的推销人士为了让客户购买自己的产品，都喜欢用提问的方法。

懂得发问的人能掌握全局，他们深信这样一个道理。有的推销员在他的对话中一直都在穿插提问，这样，他就牢固地掌握了推销的主动权。

提问对推销而言确实非常重要，不过，我并不想从这个角度去讨论——怎样用提问来引起客户的兴趣，才是我想说的问题。

我们总是从头开始做一件事情的，这也许是一句废话，也许是一个常识，不过，人们却经常忘记了这一点。许多推销员生怕遗漏了自己制订的推销计划的任何一个细节，总是喜欢在客户面前喋喋不休。但是，显然他们忽略了一个问题，那就是他们所说的东西不能引起客户的兴趣，或者，他们已然发觉了这一个问题，却毫无办法。

结果是，一般情况下，他们还没有把自己的话说完，客户早就无法忍耐而把他们赶出去了。实际上，他们从一开始就做错了。要想进行接下来的工作，只有在刚开始的时候就吸引住客户。否则，最好不要继续。

向你的客户提出一个他感兴趣的问题，这是一个可以吸引客户的好奇心的非常简单的方法。发问对你和客户之间建立相互信任关系很有帮助，而且会让他们对你的产品产生浓厚的兴趣。

一个合适的问题对激发客户兴趣的作用具体表现在：

让对方知道他被别人重视。当你问了对方一个问题，这说明你非常关心他。同时要和对方说，这次推销的关键在于客户自己，不在推销员，甚至也不在产品的质量。

让谈话更加自然。即便你事先准备好了详细的推销计划，也绝对没有以对话的形式进行谈话加自然。在平常人的眼中，推销员是一群狡猾的、有便宜就占的小人。你可以通过对客户的关心展现出你的诚信。

要明白，我们在客户心中印象的转变，会让客户和我们之间的关系更加密切，也更加对客户有利，使他们在一个自然的氛围中决定购买产品。

怎么让自己掌握提问的技巧，然后引起顾客的兴趣呢？

一、针对客户的要求

你要明白，我说的是提问的内容和目的。你提问题的前提是为了了解客户的需求，而你提问题也是为了了解他的需求。也就是说，你能够依据已经掌握的信息，通过提问来获得更多的信息。

说得具体一些，你可以依据已有的信息设计一些问题，例如知道他喜欢打高尔夫球，你就能够更进一步明白他喜欢打的原因、什么时候打和与谁打之类的问题。

你如果想要顾客满足你的需求，你就要真正关心你的客户，了解他的需求并尽力想办法满足他的需求。

二、问一些和产品相关的问题

最好让你的问题和你的产品结合起来。当然，这种结合不要太过明显，要不然会显得目的性太强，不过，也不要问一些和你的推销没有关系的事情。例如，你想和他推销保险，却问他爱不爱看书，这种问题没有什么实际意义。

你应该了解客户并不愿意进行太长时间的对话，那样的话会让顾客感觉厌烦、无聊，从而对你的产品产生拒绝的态度。所以，你一定要尽量缩短谈话时间，让你的问题更加有针对性，你应该在短时间内得到尽可能多的有效信息。

三、注意问题的表达方式

想要了解一个女士的年龄，第一个汽车推销员问她："请问您的出生日期是……"这个推销员没有想到他的问题引起了女士的不满，因为年龄是隐私问题。

第二个推销员则非常谨慎地处理了这种敏感问题，他问这位女士："你需要在这份汽车登记表上填写你的年龄等问题。通常，人们都习惯于填写比自己实际年龄大一岁的数字，你会如何填写呢？"最后，这位女士很高兴地告诉了他自己的年龄。

针对不同的人和场合，问题的表述方式会有所不同。重要的是千万不要对顾客造成伤害，而要考虑到顾客的心理，要不然的话，你一切的努力都将会白费。

你可以灵活地把握时机，不一定非要在开始的时候发问。你可以在刚开始时就提出问题，也可以在你们的谈话进行了一段时间之后再提出问题。

5. 电话推销技巧

电话推销相对于当面推销来说，是一种更加省时、省力和直接的推销方式。伴随着科技的日渐发达和社会环境的日益紧张，我们能够预见到，电话推销会成为推销员越来越热衷的推销方式。

现在，我将详细地说明一下怎么样利用电话进行推销。

一、准备工作

你最好不要对它寄予太高的希望。尽管电话推销非常重要，因为受传统观念的影响，创造和有希望成交的推销对象面谈的机会应该是电话推销的任务，但是，它却无法代替面对面的商谈，它的目的应该是制造一个合适的面谈机会。你绝对不要幻想在电话中和对方谈成一笔业务。

和当面推销一样，你应该在电话推销之前先准备一个推销计划。

在你的手边的纸上先列出几条，万一在对方接听电话后，你却因为紧张或者兴奋而记不起自己的讲话内容。此外，你还应该准备好到底怎么说，假如这是一次非常重要的推销，你就能够提前演练，使自己提前进入状态。

当然，你需要尽量避开电话高峰期和对方忙碌的时候，选择好打电话的时间。通常情况下，上午十点以后和下午都比较有利。要是正好赶上要找的人外出了，可以问一下接听者还有没有别人可以商谈，或问一下对方何时回来，好方便以后再联系。

二、直接和关键人物通电话

拨通电话之后，你应当直接请求与可以谈生意的关键人物通电话。别去问对方："我能不能和你们公司的经理通电话？"对方大多会说："他不在，你有什么事吗？"你可以直接对他说："我找你们公司的经理。"这样的话，通常情况下对方就会听从你的"命令"。

三、把握最初时间

通常来说，对推销员而言最重要的就是开始和对方通话的时间。假如你无法在最短的时间内吸引对方的注意力，那么他肯定会觉得自己不必再和你谈下去了。

所以，你务必想尽办法从一开始就吸引他的注意力，让对方很愿意接着听你往下说。在这之前，你要思考一下对方对哪些东西比较感兴趣、他适合什么样的语言风格等问题。

四、态度要礼貌

讲话时应该热情和有礼貌。对方容易被热情的讲话所感染，而你的礼貌，同样会让你获得有礼貌的正面回答。

无论之前你有没有和对方联系过，你都应该先问好，说明自己的身份。确定对方的身份之后，再谈正事。应该对你的客户致谢，然后再结束通话。此外，为了表示对顾客的尊重，一定要让顾客先挂断电话。

五、得体的措辞

你在措辞方面应该注意的主要有两点：

第一点是有真诚的态度。一定不要对自己产品的优点进行过度夸大，因为要是这样的话，当真实的产品被对方看到的时候，也许对方会改变主意，而且会对你产生怀疑。

第二点是在对自己的产品进行介绍的时候，应该用通俗易懂的语言，千万要避免使用艰深的专业术语。

六、以介绍产品为主

通常来说，介绍产品信息、了解对方状况应该是电话推销的主要内容，你如果想要更容易地获得和对方见面的机会，就必须不去刻意强调电话推销的目的性。

例如，你可以问对方有没有这种产品。假如对方已经买了的话，你就把他购买的产品的一些具体细节问清楚——你以后一定用得着这些东西——接着说出来自己产品的优势；要是对方说没有购买这种产品，你就能够对你的产品进行直接介绍了。

七、做好记录

务必要做好通话记录。你可以一边谈一边记录下电话中所谈的内容的要点。这些资料肯定会对你下一步的推销筹划有所帮助，而且，你也能够借这个机会建立顾客档案。

确定面谈时间。提供至少两个方案或形式让对方选择，要尽可能地为对方考虑。因为对方容易推托不明确的面谈时间，所以，应该明确且选择较合适的面谈时间。

6. 怎样取得客户的信任

你在推销的时候，需要取得顾客的信任。这和演讲是相同的：假如你的听众信任你，那么你所说的话就会被他们相信；假如不信任你，那么你所说的话就不会被他们相信。

可以说，信任和说话内容并没有太大关系，却与推销员给顾客留下的印象联系非常密切，顾客的判断和决定正是被这样一种感觉影响了。

推销成功的第一步，就是赢得顾客的信任。假如你无法赢得顾客的信任，你所说的东西在顾客看来全部都是虚假的、无关紧要的，这样的话，你就没有继续说下去的必要了，这一点不难理解。

假如你是一个诚实的人的话，你对一个陌生人和对一个熟人讲了完全一样的话，你说的话一般不会被陌生人相信，但是你说的话会被熟悉你的人相信。

这些事实都让我们了解，你必须首先获得顾客的信任，才能让他们相信你说的话。那么，你该怎样赢得顾客的信任呢？我会在下面列出一些方法，希望能够帮助到一些推销员。

一、不要想当然地以为顾客相信你

我们总是想当然地以为自己应该并且已经获得了他人的信任。一些推销员在得到顾客的指正或者质疑之后，会感到非常不愉快。

就算有人对你表现出不信任，你也不要为了这个而不高兴。想想看，如今我们的报纸上、电视上，甚至是大街上，几乎每一个角落都充斥着虚假的广告和信息，要是人们对它们全都抱着相信的态度，会有多糟糕？

所以，千万不要假定顾客相信你，除非对方明确这么说了，要不然你就要尽量向对方证明你是值得信任的。

对顾客说，他的想法一点儿也不奇怪，并不是只有他这么想，接着用坦诚的态度去把他说服，直到他相信为止。

二、以朋友的身份友好交谈

推销员不要把对陌生人推销看成是"公事公办"，应该避免板着脸说话，可以把推销当成是朋友之间的友好交谈。

以朋友的身份推销的话，交谈就意味着你的推销既不是命令，也不是请求，而是一次建议。对推销而言，命令和请求这两种方式都是不可取的。你要是想让对方把你当作朋友来看待，而且不会用居高临下的姿态对待你，你就必须把对方当成朋友。

真心实意地替顾客考虑，以朋友的身份为对方着想，会让你获得意料之外的结果。你要是想让对方体会到朋友般的温暖，从而对你产生信任感，你只能这样去做。

三、直接指出缺点

之前我已经提到过这种方法，获得顾客的信任——事实上这是它真正的作用所在。

很多年前，一个加长型香烟的广告被一家广告公司运用，它正是用这种方法获得了顾客的信任。广告中把加长型香烟的种种缺点直接指出来了，例如携带不方便、容易碰到别人的脸颊等，结果获得了非常好的效果。

这种方法以一种坦白缺点的方式来赢得人们的信任，这就是它的作用。当你把产品的缺点告诉了顾客之后，他们会觉得你比较客观，所以相信你所说的优点就更容易了。

四、使用精准的数字

事实证明，笼统的数字的说服力要远远小于精确的数字。人们只是会得到一个结论，而不会真正关心你的数字的来源。那些数字如此精准，证明了它确实是经过了客观而细致的分析得出来的。

象牙香皂的员工深刻地明白这个方法的神奇，他们在宣传的时候，自始至终都在强调一个事实：它们的纯净度是99.44%。

人们完全不会去关心这个数字的真正意义，就算他们说它们的纯净度是100%，人们也不会在乎。不过，人们却觉得这个精准的数字更加值得信任，从而觉得他们确实值得信任。

五、学会推销自己

推销员们在相当大程度上其实是在推销自己。你和你所采取的方法在一定程度上决定了顾客对产品的优点是否信任。所以，你要赢得顾客对你个人的信任，就有必要去改变自己的形象。

使自己穿得像个成功人士是一个方法。都是推销一种产品，你是相信一个破衣烂衫的人所说的话，还是相信一个衣冠楚楚的人所说的话？显然是后者。这不仅是因为我们欣赏那些穿着整齐、举止高雅的人，还因为我们更加愿意相信，一个成功人士不只是靠业绩和回扣来维持生活的。

谈吐优雅是另一种方法。让自己显得更加优雅一些，这也许会帮你赢得更多的信任。因为人们通常会认为一个谈吐优雅的人的观点会更加客观、更加全面，所以，我们更愿意相信他所说的话。对于顾客而言，实际内容也许没有那么重要。

六、向顾客坦陈你会得到的好处

通常推销员会深深隐藏自己在交易中获得的好处，好像对顾客坦言相告之后会有什么损失。实际上，就算告诉顾客这种属于私人性的东西，推销员也不会损失什么，反而会取得顾客对你的信任。

一位推销员在给顾客推销房屋的时候，和顾客说："实话和您说，我能够从这笔交易中获得1%的佣金。你要是不买这套房子的话，我肯定会失去这个赚钱的机会，不过你的损失会更大，原因是你也会失去一个实惠购房的机会。如果那样的话，我们就会都受到损失了。"

听到他说了这些话之后，这位顾客居然也渐渐地改变了自己的主意，坦言相告的益处就在这里。

7. 不同层次的客户要用不同的推销技巧

有必要对不同年龄的顾客运用不同的推销方法，因为他们在经验、心理、习惯等很多方面都不一样。具备洞察人性的能力，才是一名成功的推销员。所以，你必须详细地研究不同年龄的顾客，这么做是为了采取相应的对策。

这只是把那些方法运用到了推销中，而且具体到了不同年龄的对象上而已，和之前我们提到过的依据对方的情况决定说话策略的内容非常相像。

一、如何面对年轻顾客

年轻顾客既不喜欢别人叫他们"小弟"，也不喜欢叫她们"小妹"，这让很多推销员觉得他们的称呼问题非常麻烦。实际上，完全没必要认为这些问题非常麻烦。尽管他们有自己的爱好，但是并不怎么在乎这些方面。就算你和他们年龄差不多大，直接叫他们"男孩""女孩"应该没有什么问题。

我不能说年轻人一直走在时代的最前端，但是毋庸置疑，他们走在时尚的最前端——我说的是他们追随新生事物的热情和能力，在这方面他们确实是其他年龄段的人无法相比的。所以，在推销商品给他们的时候，你可以对他们说这类商品非常流行、非常有创意，这种方法可以让你获得成功。

相比较而言，年轻人对这个世界充满了好奇，因为他们没有什么机会去了解这个社会，或是了解得还不多。他们知道的东西只限于书本，而每个人都是会有求知欲的。他们的好奇心经常会让他们关注不熟悉的东西，而且，想不断地尝试。

所以，他们的好奇心理更容易被推销员抓住，吸引他们进行各种各样的尝试。和他们说一些他们不明白的东西，常常会让他们觉得非常高兴，而且很愿意和你交朋友。

对年轻人来说，没有什么不能够做的事情，也没有太多禁忌。理性在指导他们行动的时候已经居于次要地位了，他们最好的导师是兴趣。所以，你要是想获得很好的效果，就必须要成功地吸引他们的注意力。

他们通常情况下不会纠结于一个观点，不过，在他们发泄怒火的时候，他们有着非常强的爆发力。这时候，一定别去和他们争辩。通常情况下，他们的怒气会很快消除，并且会向你说"对不起"。

二、如何面对中年顾客

中年顾客已经有了自己的家庭，他们所做的所有事情都是为了让自己的家庭变得更加富裕、快乐和幸福，这是他们不同于年轻顾客的一个重要的特点。尽管他们也有自己的需求，例如个人的一些爱好，不过，这不会让他们花费多少钱。

中年人比年轻人更加稳重，有比较强的能力，比老年人更加聪明。所以，别在他们面前玩什么花样，你的小伎俩会很容易就被他们识破，接着他们就会装聋作哑地看着你表演。

但是，这对你来说也有许多好处。假如你的产品确实非常好的话，不需要花费太多的口舌和精力去说服他们，他们也会主动掏腰包购买。只要你能够真诚地对待他们，他们很快就会看出来。

花言巧语对他们来说似乎并不需要。有调查证明，在成年人面前，口齿笨拙的推销员和能说会道的推销员势均力敌，几乎无法分出胜负，因为他们不需要你的说服就可以进行独立而清晰的思考。有时候，你的说服反而会使他们觉得你夸夸其谈，对你的印象不好，那些能说会道者的推销效果肯定受到了影响。

成年人一般不会去考虑精神上的享受或者那些感性的东西，他们都比较实际。例如，你称赞他们，他的决定极有可能不会受此影响。这并不是说他们不需要别人的称赞，仅仅是由于这些东西居于次要的地位而已。

中年人只要决定了一件事情，就不太可能再改变。无论他是接受还是拒绝了你的推销，除了感谢，你都不必再多说什么。

三、如何面对老年顾客

对我们来说，老年人永远是一个谜。尽管我们已经通过研究获得了很多关于他们的让人信服的结论，不过他们身上存在的疑点还是很多。

老年人大多数都很孤独，所以，正是他们使人们相信，推销员也能够是一个受到欢迎的职业——而事实上，他们喜欢和所有人说话。这并不是说"好的开始是成功的一半"，因为推销员也许不会对他们接下来要谈的内容感兴趣，而且，推销员必须想方设法才能让对方明白自己的希望——只是明白而已。

尽管老年人经历了很多的事情，不过这并不是说他们已经看透了很多事。他们在中年时期所拥有的一些品质，如今早已荡然无存了，他们似乎又回到了年轻时代，变得容易激动、生气和愤怒，所以，永远别说他们是错的。

他们已经不会轻易地改变自己的想法了，他们的执拗让人难以置信，就算你已经拿出了确切的证据，他们依然会继续坚持自己的意见。此外，通常他们都明白，自己的反应非常迟钝，所以，对推销员所说的话经常半信半疑。

他们非常喜欢受到称赞，就像小孩子一样。假如你说起他在一次战争中表现得非常英勇，这么说会让他的眼睛放光，而且高兴得手舞足蹈，他对你的好感也会很快就有所增加。很明显，这对营造平和的氛围是非常有利的。

他们喜欢倚老卖老，因此推销员在对老年人推销东西的时候，要让自己显得像个老实的小孩，这样可以让你得到他们的好感，从而突破他们的防线。

8. 不同性格的客户要用不同的推销技巧

我们已经在上一节讨论过不同年龄的顾客的应付方法，接下来讨论怎么去应付那些不同性格的顾客。

一、如何面对理智型顾客

理智型顾客很少受到主观情绪的影响，完全以理智来分析和解决问题，他们会主动吸收和分析推销员提供的信息。

他做决定的至关重要的因素是产品或服务的质量、价格，而这些东西经常是比较客观的，所以，在一般情况下他很少会被推销员打动。假如他不需要你的商品，不管你怎么努力，他都会毫不动摇；假如他需要一件商品，他不可能只找一个产品供应商，而是会选择好几个供应商从中仔细比较，然后再选择最合适的那一个。

通常来说，他擅长抓住每一个细节，并且用他的能力收集所有产品的信息，而产品的几乎所有优点和缺点，他都能用他的分析能力和方法去发现。

根据上述特点，理智型顾客经常谨慎、迟缓地做出决定，推销员不要催促他，而应该耐心等候，让他自己渐渐地得出结论。假如他提出来一个问题——要明白，这个问题是在仔细思考之后仍旧不能解决的——就肯定是希望推销员可以给出实事求是的、确切的答复，因为他期望从推销员的回答中获得更多的信息。这时候，假如推销员夸夸其谈、闪烁其词，就一定会失去这个客户。

理智型顾客一般看起来沉默寡言。在你和他交谈的过程中，不要过多地和他谈论与工作没关系的事情，他对此没有太大的兴趣，而应该谈论与工作有关的话题。

二、如何面对个人意志型顾客

简单来说，那种以自我为中心的顾客就是个人意志型顾客。他做任何事情都根据自己的经验，主观意志非常强，而且基本上对别人的意见不予考虑，觉得自己的意见是最棒的。

个人意志型顾客喜爱自我表现，他们的语言表达方式一般是"我……"，同时，他说话的语速一般比较快，音量也比较高，问的问题也直接，而且控制倾向非常强。

推销员在和个人意志型顾客会面的时候，一定不要迟到，要不然他会觉得你不重视这次会面，是一个不讲信用的人。此外，产品的效果是他更加关心的，也就是能不能降低成本、加快生产速度、增加收入等。

通常来说，他们都有强烈的升职愿望，所以，要是你的产品可以帮助他做到这一点，你的推销就会更容易获得成功。

个人意志型的顾客非常健谈，与他交谈的时候，由于他非常喜欢和别人谈到他给公司做出的贡献，因此应该围绕他的工作业绩等话题进行。

推销员在交谈的过程中，务必做到言简意赅、切中重点，而且应该直奔主题。和理智型顾客一样，推销员不要期望轻易改变他们的决定，当然，假如你有了充足的证据，他也会适当改变的。

个人意志型顾客的决策速度是比较快的，这一点和理智型顾客恰好相反，他们经常被看作是"缺乏耐心"的人。所以，要是他提出来什么异议，推销员要尽可能给出合理的解释，以便让他尽快做出决定。

三、如何面对情感型顾客

假如你在客户的办公室里看到了非常多的私人物品，那么你的顾客就是情感型的。情感型顾客是那种可以感染他人的人，他不那么注重客观实际，他更加重视的是情绪和感觉。

　　情感型顾客更加容易被说服和鼓动。比较来说，他通常不是很在乎产品的质量多么好，有多少实际用途。假如他原本不需要你的产品，可是你把他说服了，他也会迅速做出决定；假如他原本就需要，那么他差不多会毫不犹豫地购买你的产品。

　　善于处理人际关系，交友广泛，是情感型顾客的最大特点。在和情感型顾客进行交谈的时候，你会发觉，他有着很高的热情，在办公室里谈论个人事情对他来说是非常愉快的。

　　他不拘小节，对人喜欢直呼其名，他的性格一般来说比较豪爽，所以，和他在一起交谈的时候，不用局限在工作之类的话题，而是可以多样性的。如此一来你能够更快地与对方产生共鸣，获得对方的信任。

　　情感型顾客比较情绪化，他会更加人性化地对待推销员，可是，要是你给他留下的印象不好的话，这在很大程度上就会影响到他的决定。推销员们一定要重视一个非常重要的信息，那就是他们的喜怒哀乐通常都会表现出来。

　　推销员在向情感型顾客推销产品的时候，应该重点把产品的最终利益介绍出来，而不是介绍产品本身的特点。假如你可以用新奇的方法把你的产品展示出来，效果应该会更理想。

　　比较来说，你的感受他会更加关心，假如你的产品被他拒绝了，他会觉得对不起你。因此，这种顾客属于一种能长期维持的客户资源。

四、如何面对随和型顾客

作为一个推销员，你也许更喜欢与随和型顾客打交道——至少在礼节方面，你会得到很好的对待。他待人接物非常温和，很容易相处，他会尽量避免和你发生冲突，所以，他经常掩盖自己的真实想法。

可是，让我们最头疼的也是随和型顾客，因为我们不能把他们的真实想法弄清楚，因此，随和型顾客是最容易相处却最难成交的。他们经常只是表面上同意你的看法，可是实际上却有自己的想法。

所以，在向随和型顾客推销产品的时候，应该尽可能地搞清楚他的真实想法，接下去依据这些想法进行有针对性的说服。他本人害怕承担风险，而且他的决策较为迟缓，所以，推销员要是不想失去这个客户的话，应该非常有耐心地对他进行推销。

9. 处理客户异议的应变技巧

顾客提出的反对意见是最让推销员头疼的。这些反对意见经常让他们觉得不舒服，而且让他们无言以。然而，那些成功的推销员却恰恰相反，对方根本没有反对意见是他们所担心的。

他们发现，顾客提出一个反对看法，也就是给自己的推销工作确定了一个目标非常明确的靶子，自己全部的工作都能够向着这个方向去努力，推销成功的时候，也就是成功地射中靶子的时候。

推销员通常很难理解这一点。他们知道的是，只要顾客在没有什么异议的情况下接受了他们的产品，就可以证明自己的推销是成功的。虽然这种情况确实值得庆幸，但是，它出现的概率基本上是零。

在大多数的情况下，要是对方没有任何异议，那么他同时也会毫无反应，最终也不会接受你的产品。这表明他对你的产品根本就没有兴趣。

所以应该说，作为一个推销员，你只有真诚地欢迎顾客提出反对意见，才有可能推销成功。当然，前提是你可以稳妥地解决顾客提出的反对意见。

那么，该怎样处理顾客提出的异议呢？为了阐明这个问题，我们把反对意见分为了各个不同类型。针对不同的反对意见，处理方式肯定也各不相同。

一、价格

最常见的反对意见就是价格过高。在所有的推销过程中，至少在表面上，价格是最核心的话题。常常在推销一开始，它就被抛了出来："这个要多少钱？""我觉得这东西太贵了，我买不起。"

不过，推销员也许会对一个关于价格的调查结果感到非常惊讶。研究人员之前调查了纽约的消费者，当问到决定不买某件产品所考虑的因素时，非价格因素是94%的消费者所强调的，那些对推销员说自己负担不起某件产品的消费者中，承认有别的原因的人占到了68%。因为这有助于他们摆脱销售人员，所以他们以价格为理由来表示拒绝。

这个调查说明了，商品的价格其实并不是很大一部分消费者真正关心的，他们真正关心的其实是价值。也就是说，在实质上，推销中最核心的问题并不是价格。所以，要是下次在推销中对方和你说价格太高了，你完全不用就此退缩，你只需对他们说物有所值，然后，针对他们的兴趣进行说服，你还是可以成功的。

不愿意付钱和付不起钱肯定是两码事。当然，消费者不愿意付钱也许并不是他看不到产品的价值，当你告诉他确实物有所值之后，他也许还是觉得价格过高，这种时刻，你要是不想失去这位顾客的话，你就应该适当地降低产品的利润和自己的佣金了。

二、要求获得信息的反对意见

有些顾客由于想要了解更多的信息，才会提出反对意见，并不是因为他们真的反对。他们通过这种方式提出来的原因是，他们觉得只有这样你才会回答得更加完整而详细，推销员最欢迎的也许就是这种反对意见。

然而，反对意见的性质是会发生改变的。要求获得更多信息的反对意见，假如得不到妥善处理的话，最终也会成为真正的反对意见。因此，你要对他的问题在刚开始的时候就表示欢迎，最后的时刻再重复一次你提供的信息。你要是想非常详尽地回答他的问题，使他感到满意，就只能这样。

三、根据产品本身的反对意见

这种反对意见是顾客对产品的某一个优点和作用所提出的异议。你所说的话他们不相信，或者是怀疑你所说的话的来源。总之，他们想更进一步地证明这个优点和作用。

你可以把事实给他们展示出来。例如：你声称你的玻璃强度非常高，你可以把一把锤子递给对方，让他去砸这块玻璃；你说许多顾客曾经从你的化妆品中得到过好处，你可以举一两位名人为例，然后拿出有他们发言的录像带；你说大多数人都喜欢你的产品，你可以和对方说，某个权威机构进行了这项调查……

总而言之，假如你所说的话不能给顾客提供更进一步的证明，你最好还是引用别人的话或者其他的什么。

四、根据你个人的反对意见

有些顾客本来就反感所有的推销员，当然也包括你在内。这仿佛已经变成了一个大家都明白的事实。推销员所说的话他们并不相信，觉得它们太虚假。总之，你所说的每一句话他们都反对。

这时候，你应该把焦点转移到顾客身上，尽量少发表自己的意见，顾客对别人精彩的演说没有兴趣，他们只是关心自己。

假如你接着谈论产品的好处，或者说明自己的话非常可信，他们就会觉得，你肯定从推销中获得了很多的好处，而向他们推销的产品的利润正好就是你所获得的好处。因此，要让他们觉得，对他们来说，购买你的产品，他们才是受益最大的人。

五、自我夸耀的反对意见

有些顾客觉得自己的知识比推销员的更加丰富，甚至比推销员对产品的了解更多。你在介绍完你的产品后，他们会说："我非常了解这种产品，你说的有一些错误，我觉得……"当然，他们也许确实有自己的看法，也许他们的经验更丰富，然而，他们之所以发表意见是因为着急表现自己，而并非是因为想和你讨论某个问题。

要知道，你的任务不是和他们争论谁更擅长某一方面的知识，而是要把产品推销给他们。所以，不要和对方争论。

假如他们发表的意见对你产品的推销没有什么损害的话，你大可以让他们去当胜利者；假如恰好相反，你也不要着急发表意见，而应该赞美他们一番，接着，虚心地——就算是表面上——发表你的意见，并且只是作为你个人的意见，让对方认为你在向他们请教。